象棋记谱本

弈心 编

XIANGQI
JIPUBEN

化学工业出版社
·北京·

图书在版编目（CIP）数据

象棋记谱本/弈心编．—北京：化学工业出版社，2019.7
ISBN 978-7-122-34310-9

Ⅰ.①象… Ⅱ.①弈… Ⅲ.①中国象棋-棋谱 Ⅳ.①G891.2

中国版本图书馆CIP数据核字（2019）第069450号

责任编辑：史 懿 杨松淼　　　　　　装帧设计：刘丽华
责任校对：王素芹

出版发行：化学工业出版社（北京市东城区青年湖南街13号　邮政编码100011）
印　　装：大厂聚鑫印刷有限责任公司
710mm×1000mm 1/16　印张6　字数12千字　2019年6月北京第1版第1次印刷

购书咨询：010-64518888　　　售后服务：010-64518899
网　　址：http://www.cip.com.cn
凡购买本书，如有缺损质量问题，本社销售中心负责调换。

定　价：20.00元　　　　　　　　　　　　　　　　　　　版权所有　违者必究

前言

象棋源远流长，博大精深，已有上千年的历史，是一项集智力、竞技性、趣味性于一身的高雅运动。学习象棋不仅有益于培养战略战术思想，提升逻辑思维能力，而且能提升我们的自身修养，感受传统文化魅力。

我们在学棋的时候，免不了要记录一些局部的棋形、例题或者完整的对局过程。初学象棋的人，如在普通笔记本上记棋谱与注释，不仅速度慢，而且容易出错，本书专为方便记谱而设计。

这本《象棋记谱本》详述了记谱的方法。象棋的棋盘以"河界"为中轴线上下对称，理论上从哪边记录都可以。为方便对棋局进行记录和研究，习惯上我们一般以红方视角记录棋谱。下棋时，一边记下棋形和先手方，一边记下着法。

本书第一部分讲述了棋盘的坐标、棋子的组成及记谱方法。第二部分总结了常见的象棋术语定义、特定的残局结论及实用基本杀法的概念和要点，以方便初学者记忆，并通过简单的模仿练习，使读者熟练掌握记谱的方法。第三部分则为空白棋盘，以方便记谱者使用。

弈心

2019.3

目录

第1部分　象棋记谱方法 ……………………………………………… 1

　　一、棋盘各部分名称 ………………………………………………… 1

　　二、棋子 ……………………………………………………………… 2

　　三、棋谱记录 ………………………………………………………… 2

第2部分　象棋实用基础及结论 ……………………………………… 8

　　一、常见基本残局结论 ……………………………………………… 8

　　二、基本杀法 ………………………………………………………… 9

第3部分　棋谱记录 ………………………………………………… 13

第 1 部分 象棋记谱方法

一、棋盘各部分名称

图 1　一张棋盘由 10 条横线和 9 条纵线组成。各部分名称如图 1 所示。

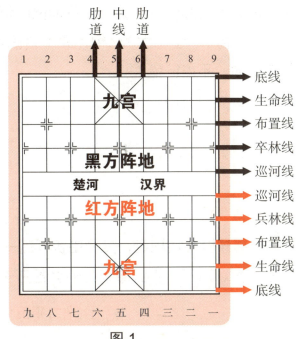

图 1

图 2　一盘棋开始时，红黑双方按照固定的位置布好阵。

习惯上，我们从红方的视觉角度来记录棋谱，黑方在上，红方在下。

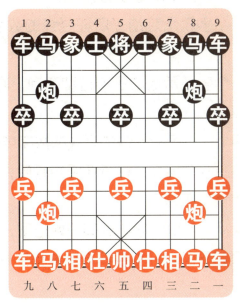

图 2

二、棋子

全盘共有 32 个棋子，红黑双方各有 7 个兵种，16 个棋子。每方有帅（将）1 个，仕（士）、相（象）、车、马、炮各 2 个，兵（卒）5 个。记谱时，不要漏记或多记，更不能记错颜色。

帅（将）、仕（士）、相（象）有固定的行动区域，用文字记录每回合着法时，不能记错。

三、棋谱记录

1. 回合记录

根据象棋规则规定，开局由执红的一方先走棋，每一回合为两步，即红方一步、黑方一步。每一方的棋着由 4 个字组成。例如：

① 炮二平五　炮 8 平 5

第一个字表示走动子的名称。

第二个字表示走动子所在竖线的数字，红方用汉字，黑方用阿拉伯数字。

第三个字表示走动子的行动方向，向前用"进"，向后用"退"，横行用"平"。

第四个字表示新到达的竖线的数字或进退的格数。

如一方两个相同兵种所在竖线相同，则第一个字可用"前"或"后"表示，如前车平八。

如果从一盘棋的起始局面开始记录，由于双方原始布阵是固定的，故不必记录起始图。只需要记录棋着和某一阶段走成的棋图即可。

【实例1】

着法记录:

① 炮二平五　马8进7
② 马二进三　车9平8
③ 车一平二　马2进3
④ 兵七进一　卒7进1
⑤ 车二进六　炮8平9
⑥ 车二平三　炮9退1
⑦ 兵五进一　士4进5
⑧ 兵五进一　炮9平7
⑨ 车三平四　卒7进1（图3）

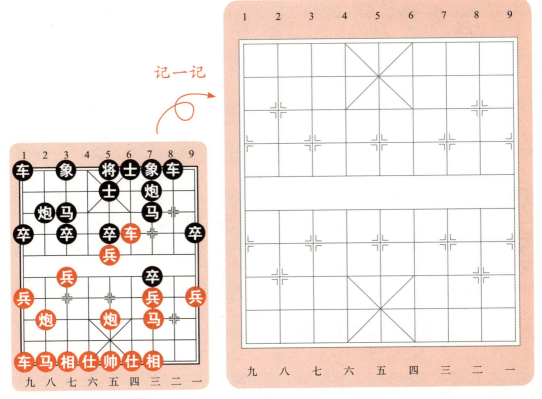

图3

此实例中，由于着法①是从起始局面开始的，故只需记录棋着和图3。

【实例2】

着法记录：

① 炮二平五　炮8平5
② 马二进三　马8进7
③ 车一进一　车9平8
④ 车一平六　车8进6
⑤ 车六进七　马2进1
⑥ 车九进一　炮2进7
⑦ 炮八进五　马7退8
⑧ 炮五进四　士6进5
⑨ 车九平六　将5平6
⑩ 前车进一　士5退4
⑪ 车六平四　炮5平6
⑫ 车四进六　将6平5
⑬ 炮八平五（图4）　红胜

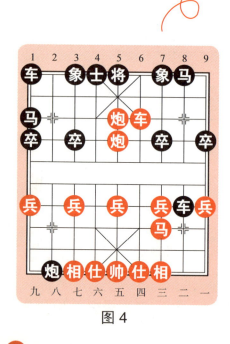

图4

如果初始棋形由黑方先行，那么在记谱时需在红方着法位置上加省略号。

【实例3】

着法记录：

① ……　　　车8进1
② 车八平五　车8平5
③ 车六进五　车5退1
④ 车六平五　将6进1
⑤ 车五平四（图5）　红胜

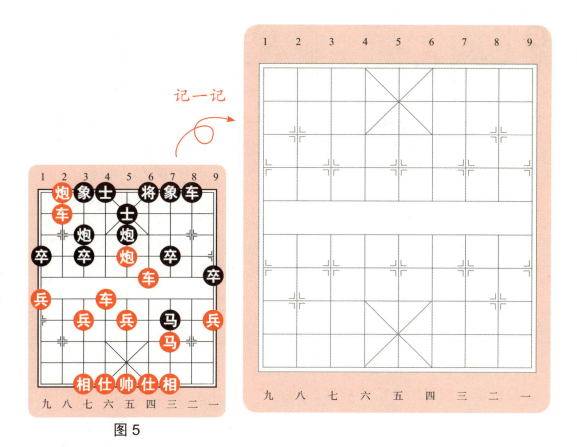

图5

如果需要从某一棋形之后记录所下的着法，则只需要记下初始棋形和它之后对应的着法。

【实例4】

图6是原始图，经过棋着的变化，最终得到图7。我们在记录的时候只记图6和棋着，不必记录图7。

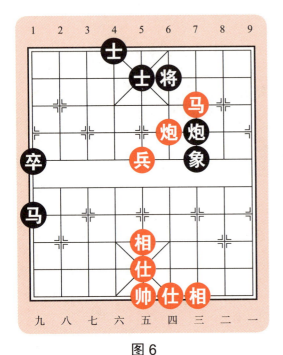

图6　　　　　　　　　图7

① 兵五进一　　炮7平8　　　② 炮四退五　　炮8退1
③ 马三退四　　炮8平6　　　④ 马四进六　　炮6平4
⑤ 兵五进一！　象7退5　　　⑥ 马六进四　　将6进1
⑦ 仕五进四　　红胜

2. 棋谱简写

简写记录都是用阿拉伯数字，例如"炮二平五，炮8平5"简写可记为①炮25，炮85。遇到有进退时，只需在最后的数字加横杠。横杠在数字下方表示进，如炮2<u>5</u>；横杠在数字上方表示退，如炮2\overline{5}；在同一横线上平移则不加横杠。

记谱过程中，在棋着后边加"？"表示疑问手，一般是指不好的着法、坏棋、俗手。而在棋着后边加"！"表示很好的下法、好棋、妙手。特殊情况下也可用"？？""！！"这种多加一个标点的方式表示棋着好坏程度更为强烈，即败着或超级妙手。

3. 棋局结论

棋谱记录结束时，可记下对局的结论，如双方均势、红方优势、黑方占优、红方胜势、黑方反先、红方得子胜定、黑方绝杀、困毙红胜、和棋等。

4. 与位置相关的常用名词

我们在记录某一类型棋局的时候，经常会遇到一些与位置相关的名词。熟练掌握它们，可以方便我们快速记录棋谱或做简捷的注释。

兵种	常用位置名称
车类	横车、直车、边车、肋车、巡河车、骑河车
炮类	顺炮、逆炮、当头炮、担子炮、士角炮、天地炮、过宫炮、卒底炮、雷公炮
马	八角马、挂角马、卧槽马、钓鱼马、高钓马、拔簧马、窝心马、屏风马、反宫马
兵/卒	过河卒、高兵、低兵、底兵、花心兵
仕/士	高士（羊角士）、中心士、低士
相/象	底相、边相、高相
帅/将	山顶帅、光帅

第 2 部分 象棋实用基础及结论

一、常见基本残局结论

兵类残局

1. 高兵必胜单将
2. 低兵必胜单将
3. 底兵必和单将
4. 双兵必胜单士（非双底兵）
5. 高低兵必胜双士
6. 高低兵必胜双象
7. 高底兵必和双象
8. 双低兵必和单士象
9. 一高兵两低兵或三低兵必胜单缺士
10. 一高兵两低兵必胜单缺象
11. 三高兵必胜士象全
12. 两高兵一低兵必胜士象全

马类残局

1. 单马必胜单士
2. 马兵必胜双士
3. 马低兵必胜双象
4. 马兵必胜单士象
5. 马高兵必胜单缺士

6. 马高兵必胜单缺象

炮类残局

1. 炮仕必胜双士
2. 炮单仕必胜单象
3. 炮高兵必胜双士
4. 炮高兵必胜单象

车类残局

1. 单车必胜双士
2. 单车必胜双象
3. 单车必胜单士象
4. 单车必胜单缺士
5. 单车必胜单缺象

二、基本杀法

1. 白脸将

"白脸将"又称"对面笑"杀法，指自己的帅（将）占据中路，利用象棋规则中"将和帅不能在同一竖线上直接对面"的规定所形成的杀法。

2. 双车错

"双车错"也称"二字车"或者"长短车"杀法，就是两车连续交替将军所形成的杀法。这种杀法通常在对方缺士（仕）或主将受攻时使用，攻势迅猛。

3. 重炮

"重炮"杀法是指一方双炮在同一条竖线或横线上重叠相呼应，一只炮当炮架，另一只炮将军，一举获胜的杀法。在实施重炮杀法时，应预先控制对方主将，使其不能向两侧躲闪，同时不能让对方子力拼掉将军的炮或插入双炮之间。

4. 马后炮

"马后炮"杀法是指马与对方将（帅）在同一条竖线或横线上，中间空一格，限制将（帅）不能左右活动，然后以马为炮架，用炮紧跟其后将死对方。

5. 卧槽马

"卧槽马"杀法是指对方的将（帅）居中不动，由攻方的马进到三·九（3·9）或七·九（7·9）两个点上（也就是指进到三·七路底相前一格位置上），卧槽马既可将军，又能抽车，是运用相当广泛的基本杀法之一。

6. 铁门栓

"铁门栓"杀法指的是攻方在中炮的牵制下，发挥帅（将）的肋线助攻作用，配以车或兵（卒）对底线发动进攻，从而形成杀局。

7. 闷宫

"闷宫"杀法主要是指炮利用对方士（仕）或其他子力作为炮架将军，对方将（帅）由于被自己的双士（仕）包裹或阻碍，无法走动而被闷杀在九宫中。

8. 大胆穿心

"大胆穿心"也称"大刀剜心"杀法，是指在多子联攻的过程中，一方弃车强行换掉对方中士（仕），突破对方防线，或把车置于对方九宫中心送吃，再用其他子力将死对方。

9. 天地炮

"天地炮"杀法是指一炮镇中路，另一炮沉入对方底线，分别对对方的防守子力进行牵制，使其相互失去保护作用，然后借助其他子力（一般为车）发动攻势，一举将死对方的杀法。

10. 夹车炮

"夹车炮"杀法是指双炮和车集于一翼,在对方九宫侧翼三条横线上交替将军而获胜的杀法。

11. 八角马

"八角马"杀法是指用马在对方九宫的任何一个士角位置上与对方将(帅)形成对角,使其失去活动自由,然后借用其他子力将死对方的杀法。

12. 钓鱼马

"钓鱼马"杀法是指利用马在对方三·三或七·三位置上做策应,同时控制对方中士(仕)和底士(仕)两个位置,限制将(帅)的活动,再用车将死对方,是残局阶段车、马联攻的常见杀法。

13. 拔簧马

"拔簧马"杀法是指攻方将蹩住自己马腿的己方棋子(通常是车)移开后,形成叫将局面,之后车借马力抽将得子或成杀的杀法。

14. 高钓马(侧面虎)

"高钓马"杀法是指在三、七路对方卒(兵)原位位置上的马,以该马作为控将子,再用车配合马共同将死对方的杀法。由于攻势由侧面发起,且着法凶狠,又名"侧面虎"杀法。

15. 臣压君

"臣压君"杀法是指利用弃子攻杀手段,堵塞对方将(帅)的活动通道,或者通过照将造成对方攻击性子力自堵将(帅),而乘机将死对方的杀法。

16. 炮碾丹砂

"炮碾丹砂"杀法是指一方用炮侵入对方底线,借助车或其他子力的力量,左右翻打,辗转扫荡对方仕(士)、相(象)或其他子力从而取胜的杀法。

17. 双马饮泉

"双马饮泉"杀法是指用一马在对方九宫侧翼控制将（帅）门，另一马卧槽奔袭，迫使主将（帅）不安于位，然后双马互借威力、回环跳跃、盘旋进击而巧妙取胜的杀法。

18. 海底捞月

"海底捞月"杀法是指借助帅（将）对中线的控制力，把炮运动到对方底线，在其帅（将）底下将对方看守肋道的车赶走，而后退车成杀的杀法。

19. 送佛归殿

"送佛归殿"杀法是指兵（卒）借助其他子力的力量连续推进，步步紧逼对方的将（帅），直到把对方的将（帅）逼回底线或原始位置，使其退无可退而取胜的杀法。

20. 二鬼拍门

"二鬼拍门"杀法是指攻方用双兵（卒）或双车侵入对方九宫，分别锁住对方肋线，然后配合其他子力强行破士（仕）取胜的杀法。

第 3 部分 棋谱记录

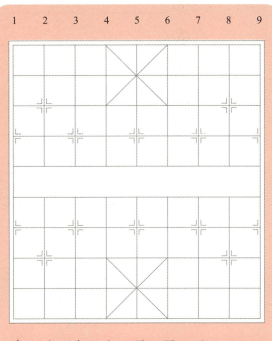

着法记录：

① _____
② _____
③ _____
④ _____
⑤ _____
⑥ _____
⑦ _____
⑧ _____
⑨ _____
⑩ _____

着法记录：

① _____
② _____
③ _____
④ _____
⑤ _____
⑥ _____
⑦ _____
⑧ _____
⑨ _____
⑩ _____

棋谱记录 1

棋谱记录1

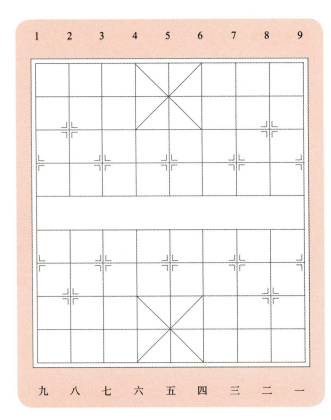

着法记录：

① _____
② _____
③ _____
④ _____
⑤ _____
⑥ _____
⑦ _____
⑧ _____
⑨ _____
⑩ _____
⑪ _____

着法记录：

① _____
② _____
③ _____
④ _____
⑤ _____
⑥ _____
⑦ _____
⑧ _____
⑨ _____
⑩ _____
⑪ _____

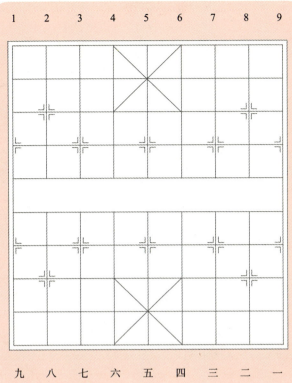

着法记录：

① _____
② _____
③ _____
④ _____
⑤ _____
⑥ _____
⑦ _____
⑧ _____
⑨ _____
⑩ _____
⑪ _____

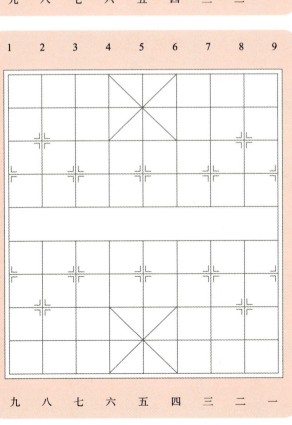

着法记录：

① _____
② _____
③ _____
④ _____
⑤ _____
⑥ _____
⑦ _____
⑧ _____
⑨ _____
⑩ _____
⑪ _____

棋谱记录1

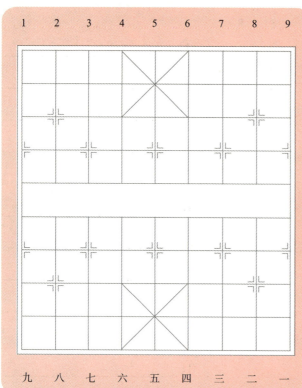

着法记录：

① ____
② ____
③ ____
④ ____
⑤ ____
⑥ ____
⑦ ____
⑧ ____
⑨ ____
⑩ ____
⑪ ____

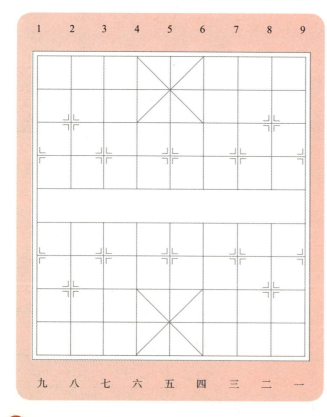

着法记录：

① ____
② ____
③ ____
④ ____
⑤ ____
⑥ ____
⑦ ____
⑧ ____
⑨ ____
⑩ ____
⑪ ____

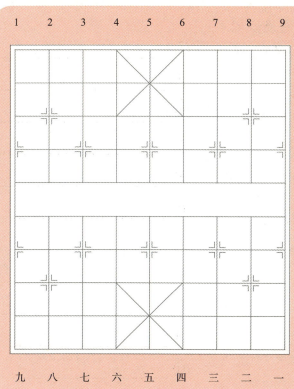

着法记录：

① _____
② _____
③ _____
④ _____
⑤ _____
⑥ _____
⑦ _____
⑧ _____
⑨ _____
⑩ _____
⑪ _____

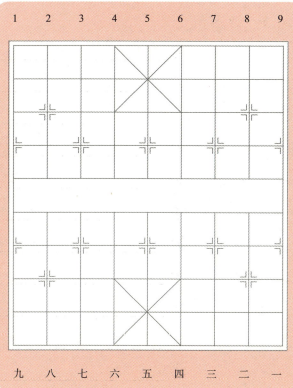

着法记录：

① _____
② _____
③ _____
④ _____
⑤ _____
⑥ _____
⑦ _____
⑧ _____
⑨ _____
⑩ _____
⑪ _____

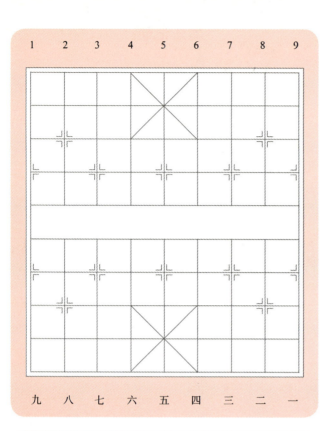

着法记录：

① _____
② _____
③ _____
④ _____
⑤ _____
⑥ _____
⑦ _____
⑧ _____
⑨ _____
⑩ _____
⑪ _____

着法记录：

① _____
② _____
③ _____
④ _____
⑤ _____
⑥ _____
⑦ _____
⑧ _____
⑨ _____
⑩ _____
⑪ _____

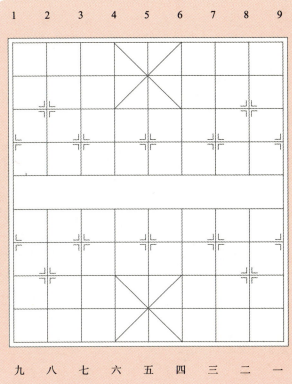

着法记录：

① _____
② _____
③ _____
④ _____
⑤ _____
⑥ _____
⑦ _____
⑧ _____
⑨ _____
⑩ _____
⑪ _____

着法记录：

① _____
② _____
③ _____
④ _____
⑤ _____
⑥ _____
⑦ _____
⑧ _____
⑨ _____
⑩ _____
⑪ _____

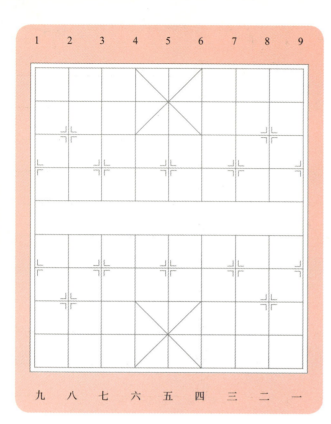

着法记录：

① _____
② _____
③ _____
④ _____
⑤ _____
⑥ _____
⑦ _____
⑧ _____
⑨ _____
⑩ _____
⑪ _____

着法记录：

① _____
② _____
③ _____
④ _____
⑤ _____
⑥ _____
⑦ _____
⑧ _____
⑨ _____
⑩ _____
⑪ _____

棋谱记录 1

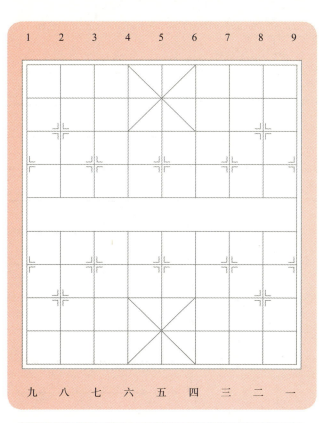

着法记录：

① _____
② _____
③ _____
④ _____
⑤ _____
⑥ _____
⑦ _____
⑧ _____
⑨ _____
⑩ _____
⑪ _____

棋谱记录 1

着法记录：

① _____
② _____
③ _____
④ _____
⑤ _____
⑥ _____
⑦ _____
⑧ _____
⑨ _____
⑩ _____
⑪ _____

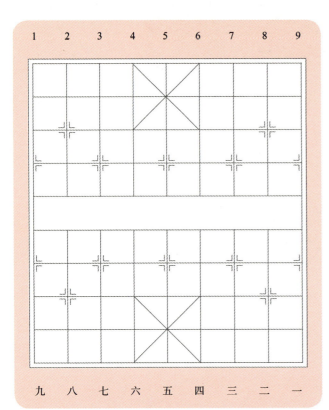

着法记录：

① _____
② _____
③ _____
④ _____
⑤ _____
⑥ _____
⑦ _____
⑧ _____
⑨ _____
⑩ _____
⑪ _____

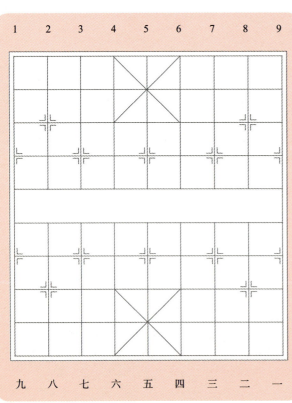

着法记录：

① _____
② _____
③ _____
④ _____
⑤ _____
⑥ _____
⑦ _____
⑧ _____
⑨ _____
⑩ _____
⑪ _____

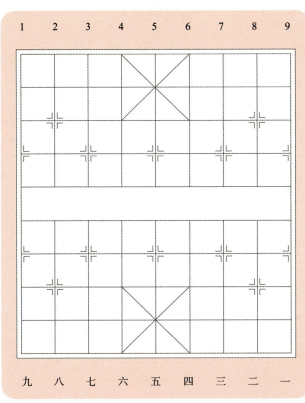

着法记录:

① _____
② _____
③ _____
④ _____
⑤ _____
⑥ _____
⑦ _____
⑧ _____
⑨ _____
⑩ _____
⑪ _____

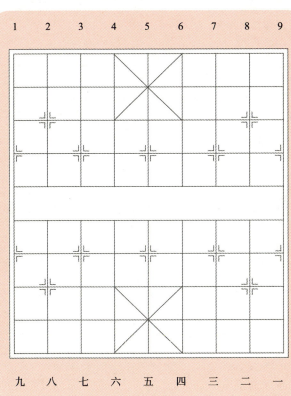

着法记录:

① _____
② _____
③ _____
④ _____
⑤ _____
⑥ _____
⑦ _____
⑧ _____
⑨ _____
⑩ _____
⑪ _____

着法记录：

① _____
② _____
③ _____
④ _____
⑤ _____
⑥ _____
⑦ _____
⑧ _____
⑨ _____
⑩ _____
⑪ _____

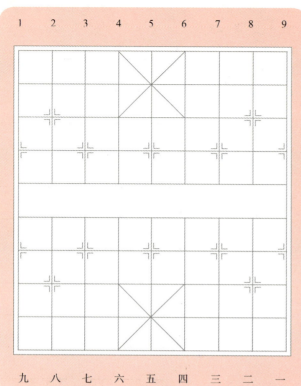

着法记录：

① _____
② _____
③ _____
④ _____
⑤ _____
⑥ _____
⑦ _____
⑧ _____
⑨ _____
⑩ _____
⑪ _____

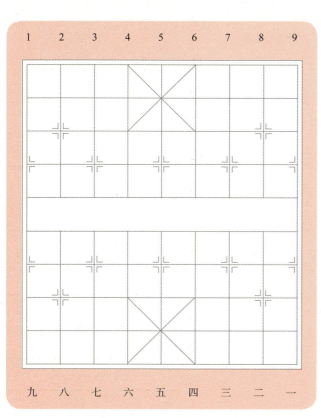

着法记录：

① _____
② _____
③ _____
④ _____
⑤ _____
⑥ _____
⑦ _____
⑧ _____
⑨ _____
⑩ _____
⑪ _____

棋谱记录1

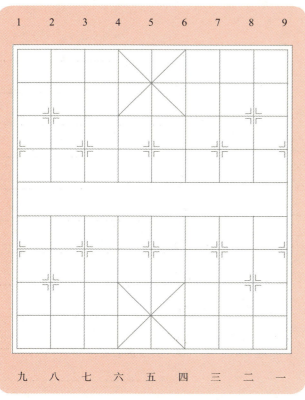

着法记录：

① _____
② _____
③ _____
④ _____
⑤ _____
⑥ _____
⑦ _____
⑧ _____
⑨ _____
⑩ _____
⑪ _____

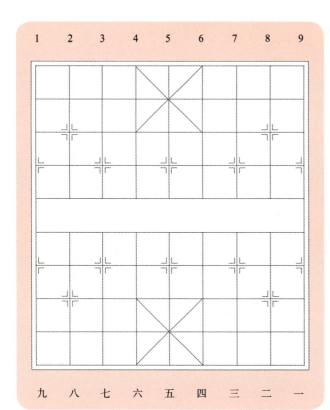

着法记录：

① _____
② _____
③ _____
④ _____
⑤ _____
⑥ _____
⑦ _____
⑧ _____
⑨ _____
⑩ _____
⑪ _____

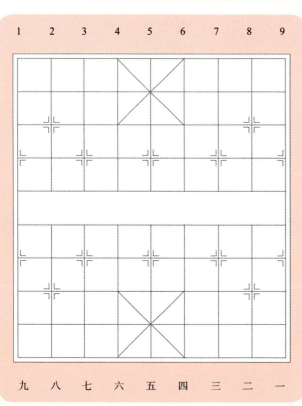

着法记录：

① _____
② _____
③ _____
④ _____
⑤ _____
⑥ _____
⑦ _____
⑧ _____
⑨ _____
⑩ _____
⑪ _____

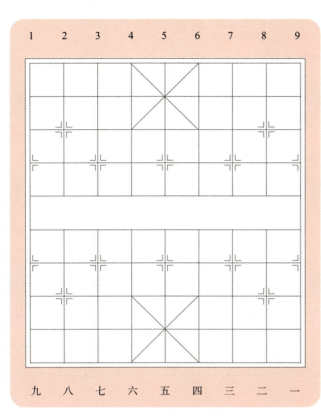

着法记录：

① _____
② _____
③ _____
④ _____
⑤ _____
⑥ _____
⑦ _____
⑧ _____
⑨ _____
⑩ _____
⑪ _____

棋谱记录1

着法记录：

① _____
② _____
③ _____
④ _____
⑤ _____
⑥ _____
⑦ _____
⑧ _____
⑨ _____
⑩ _____
⑪ _____

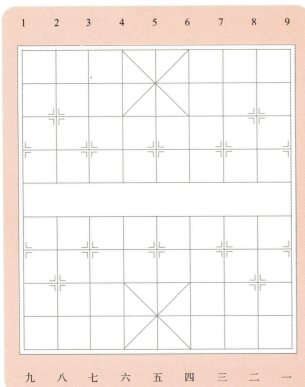

着法记录：

① _____
② _____
③ _____
④ _____
⑤ _____
⑥ _____
⑦ _____
⑧ _____
⑨ _____
⑩ _____
⑪ _____

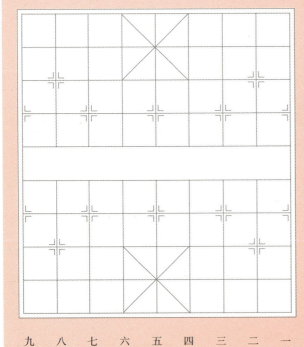

着法记录：

① _____
② _____
③ _____
④ _____
⑤ _____
⑥ _____
⑦ _____
⑧ _____
⑨ _____
⑩ _____
⑪ _____

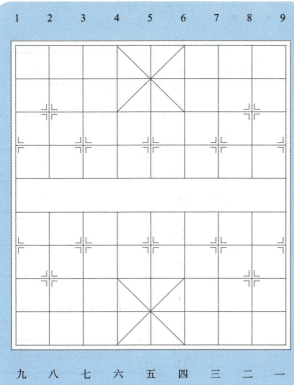

着法记录：

① _____
② _____
③ _____
④ _____
⑤ _____
⑥ _____
⑦ _____
⑧ _____
⑨ _____
⑩ _____
⑪ _____

着法记录：

① _____
② _____
③ _____
④ _____
⑤ _____
⑥ _____
⑦ _____
⑧ _____
⑨ _____
⑩ _____
⑪ _____

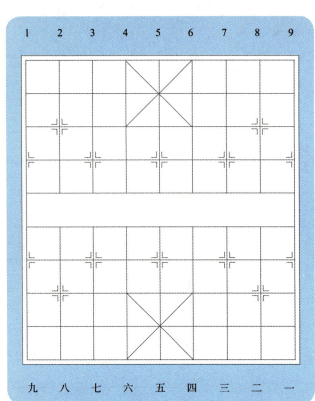

着法记录：

① _____
② _____
③ _____
④ _____
⑤ _____
⑥ _____
⑦ _____
⑧ _____
⑨ _____
⑩ _____
⑪ _____

着法记录：

① _____
② _____
③ _____
④ _____
⑤ _____
⑥ _____
⑦ _____
⑧ _____
⑨ _____
⑩ _____
⑪ _____

棋谱记录1

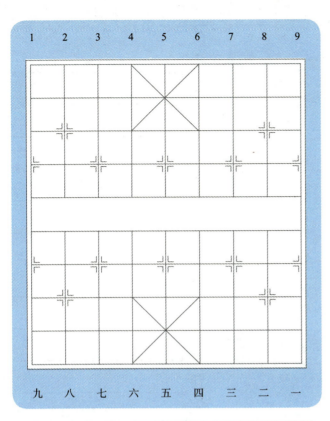

着法记录：

① _____
② _____
③ _____
④ _____
⑤ _____
⑥ _____
⑦ _____
⑧ _____
⑨ _____
⑩ _____
⑪ _____

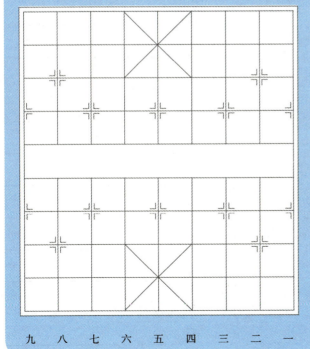

着法记录：

① _____
② _____
③ _____
④ _____
⑤ _____
⑥ _____
⑦ _____
⑧ _____
⑨ _____
⑩ _____
⑪ _____

棋谱记录 1

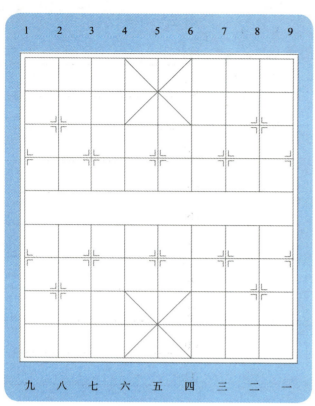

着法记录：

① _____
② _____
③ _____
④ _____
⑤ _____
⑥ _____
⑦ _____
⑧ _____
⑨ _____
⑩ _____
⑪ _____

着法记录：

① _____
② _____
③ _____
④ _____
⑤ _____
⑥ _____
⑦ _____
⑧ _____
⑨ _____
⑩ _____
⑪ _____

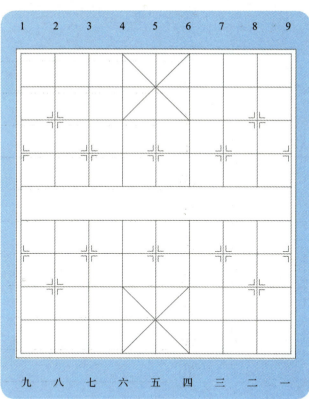

着法记录：

① _____
② _____
③ _____
④ _____
⑤ _____
⑥ _____
⑦ _____
⑧ _____
⑨ _____
⑩ _____
⑪ _____

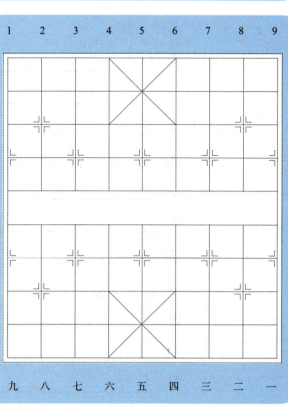

着法记录：

① _____
② _____
③ _____
④ _____
⑤ _____
⑥ _____
⑦ _____
⑧ _____
⑨ _____
⑩ _____
⑪ _____

棋谱记录 1

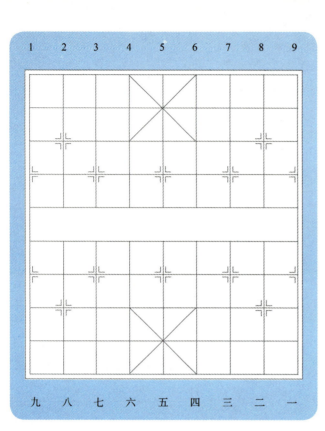

着法记录：
① _____
② _____
③ _____
④ _____
⑤ _____
⑥ _____
⑦ _____
⑧ _____
⑨ _____
⑩ _____
⑪ _____

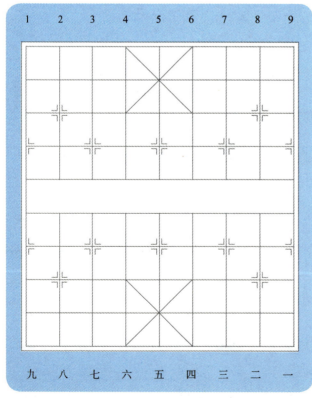

着法记录：
① _____
② _____
③ _____
④ _____
⑤ _____
⑥ _____
⑦ _____
⑧ _____
⑨ _____
⑩ _____
⑪ _____

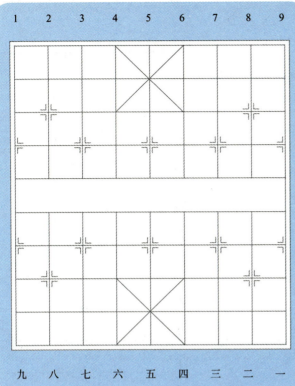

着法记录：

① _____
② _____
③ _____
④ _____
⑤ _____
⑥ _____
⑦ _____
⑧ _____
⑨ _____
⑩ _____
⑪ _____

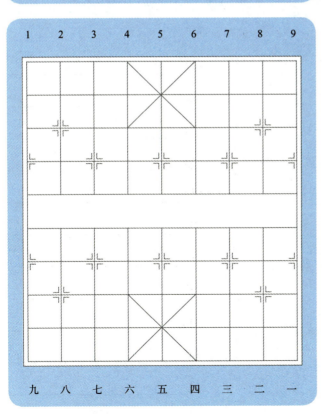

着法记录：

① _____
② _____
③ _____
④ _____
⑤ _____
⑥ _____
⑦ _____
⑧ _____
⑨ _____
⑩ _____
⑪ _____

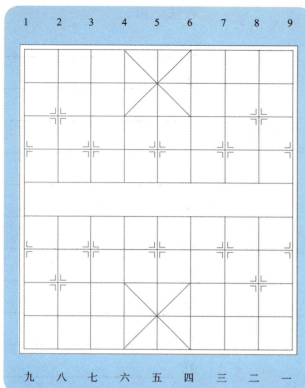

着法记录：

① _____
② _____
③ _____
④ _____
⑤ _____
⑥ _____
⑦ _____
⑧ _____
⑨ _____
⑩ _____
⑪ _____

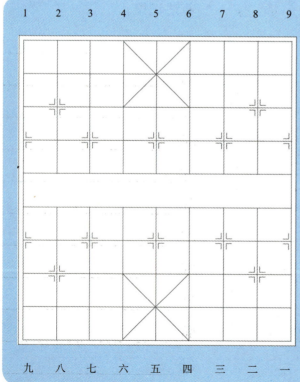

着法记录：

① _____
② _____
③ _____
④ _____
⑤ _____
⑥ _____
⑦ _____
⑧ _____
⑨ _____
⑩ _____
⑪ _____

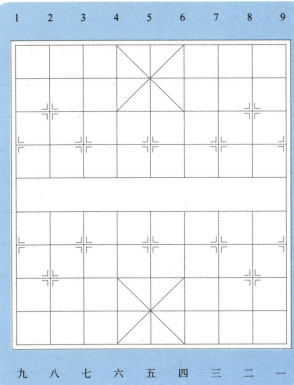

着法记录：

① _____
② _____
③ _____
④ _____
⑤ _____
⑥ _____
⑦ _____
⑧ _____
⑨ _____
⑩ _____
⑪ _____

棋谱记录 1

着法记录：

① _____
② _____
③ _____
④ _____
⑤ _____
⑥ _____
⑦ _____
⑧ _____
⑨ _____
⑩ _____
⑪ _____

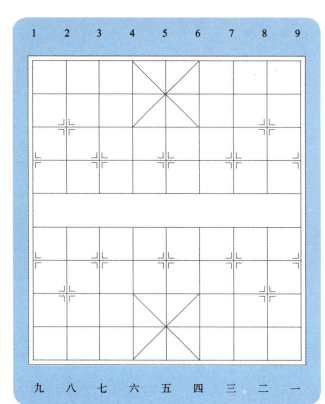

着法记录：

① _____
② _____
③ _____
④ _____
⑤ _____
⑥ _____
⑦ _____
⑧ _____
⑨ _____
⑩ _____
⑪ _____

着法记录：

① _____
② _____
③ _____
④ _____
⑤ _____
⑥ _____
⑦ _____
⑧ _____
⑨ _____
⑩ _____
⑪ _____

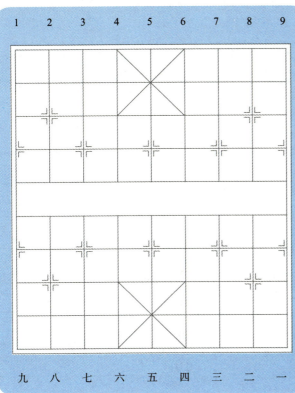

着法记录：

① _____
② _____
③ _____
④ _____
⑤ _____
⑥ _____
⑦ _____
⑧ _____
⑨ _____
⑩ _____
⑪ _____

着法记录：

① _____
② _____
③ _____
④ _____
⑤ _____
⑥ _____
⑦ _____
⑧ _____
⑨ _____
⑩ _____
⑪ _____

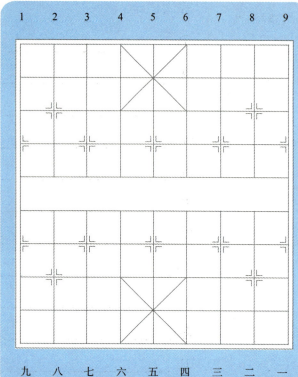

着法记录：

① _____
② _____
③ _____
④ _____
⑤ _____
⑥ _____
⑦ _____
⑧ _____
⑨ _____
⑩ _____
⑪ _____

着法记录：

① _____
② _____
③ _____
④ _____
⑤ _____
⑥ _____
⑦ _____
⑧ _____
⑨ _____
⑩ _____
⑪ _____

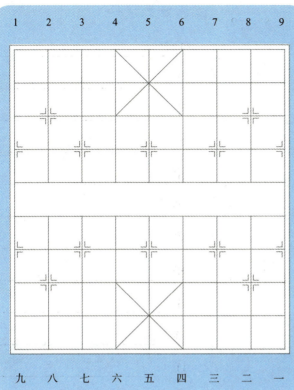

着法记录：

① _____
② _____
③ _____
④ _____
⑤ _____
⑥ _____
⑦ _____
⑧ _____
⑨ _____
⑩ _____
⑪ _____

着法记录：

① _____
② _____
③ _____
④ _____
⑤ _____
⑥ _____
⑦ _____
⑧ _____
⑨ _____
⑩ _____
⑪ _____

棋谱记录 1

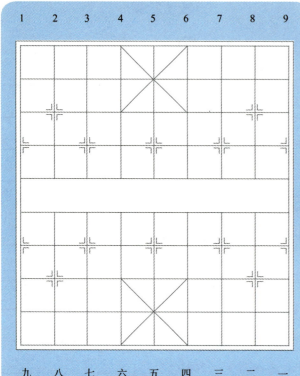

着法记录：

① _____
② _____
③ _____
④ _____
⑤ _____
⑥ _____
⑦ _____
⑧ _____
⑨ _____
⑩ _____
⑪ _____

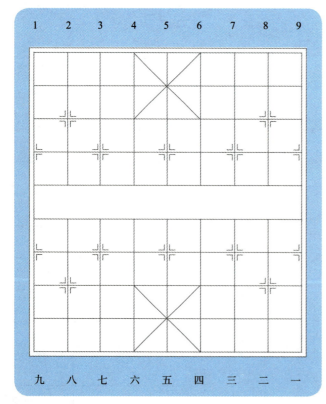

着法记录：

① _____
② _____
③ _____
④ _____
⑤ _____
⑥ _____
⑦ _____
⑧ _____
⑨ _____
⑩ _____
⑪ _____

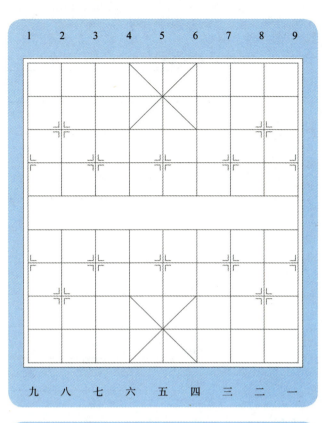

着法记录:

① _____
② _____
③ _____
④ _____
⑤ _____
⑥ _____
⑦ _____
⑧ _____
⑨ _____
⑩ _____
⑪ _____

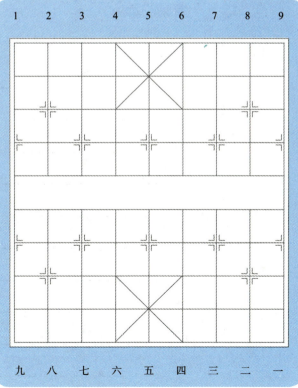

着法记录:

① _____
② _____
③ _____
④ _____
⑤ _____
⑥ _____
⑦ _____
⑧ _____
⑨ _____
⑩ _____
⑪ _____

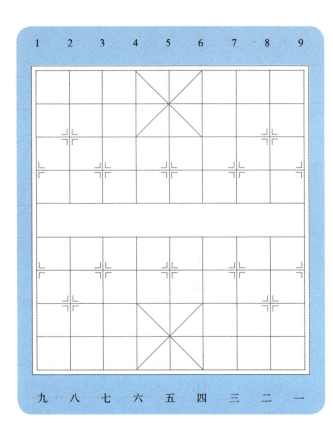

着法记录：

① ___
② ___
③ ___
④ ___
⑤ ___
⑥ ___
⑦ ___
⑧ ___
⑨ ___
⑩ ___
⑪ ___

着法记录：

① ___
② ___
③ ___
④ ___
⑤ ___
⑥ ___
⑦ ___
⑧ ___
⑨ ___
⑩ ___
⑪ ___

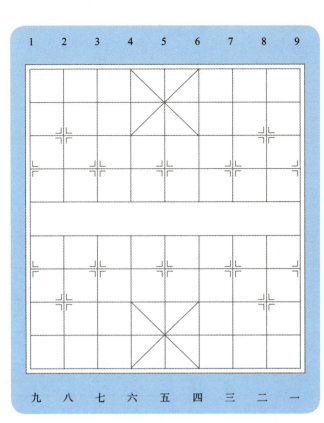

着法记录：

① _____
② _____
③ _____
④ _____
⑤ _____
⑥ _____
⑦ _____
⑧ _____
⑨ _____
⑩ _____
⑪ _____

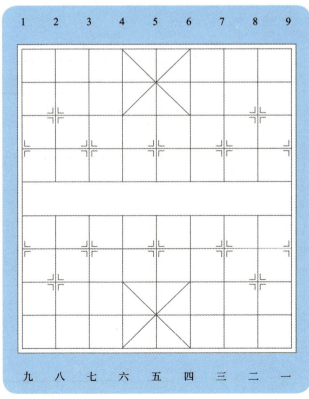

着法记录：

① _____
② _____
③ _____
④ _____
⑤ _____
⑥ _____
⑦ _____
⑧ _____
⑨ _____
⑩ _____
⑪ _____

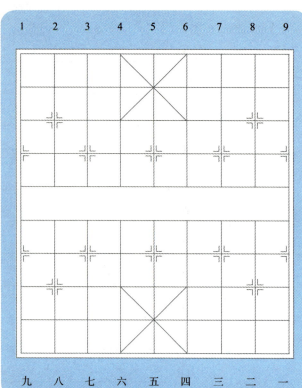

着法记录：

① _____
② _____
③ _____
④ _____
⑤ _____
⑥ _____
⑦ _____
⑧ _____
⑨ _____
⑩ _____
⑪ _____

着法记录：

① _____
② _____
③ _____
④ _____
⑤ _____
⑥ _____
⑦ _____
⑧ _____
⑨ _____
⑩ _____
⑪ _____

棋谱记录 1

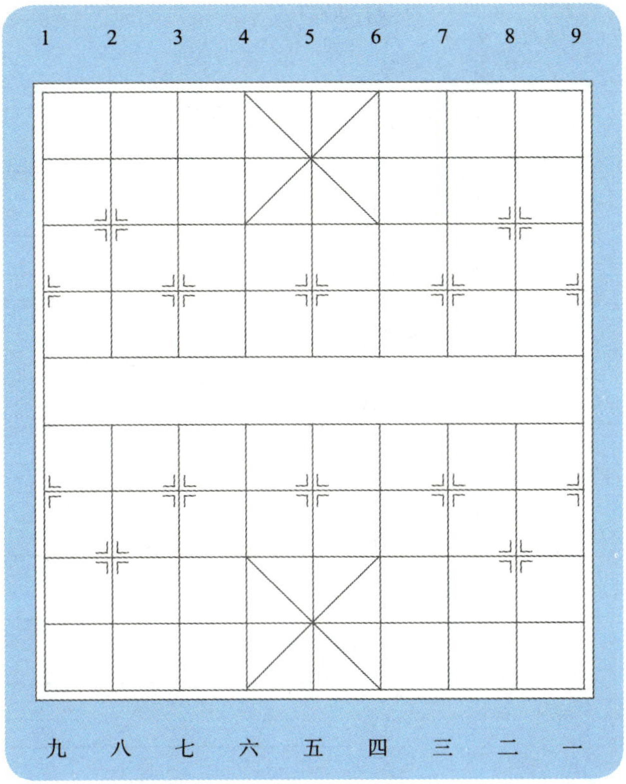

着法记录：

① _____
② _____
③ _____
④ _____
⑤ _____
⑥ _____
⑦ _____
⑧ _____
⑨ _____
⑩ _____
⑪ _____

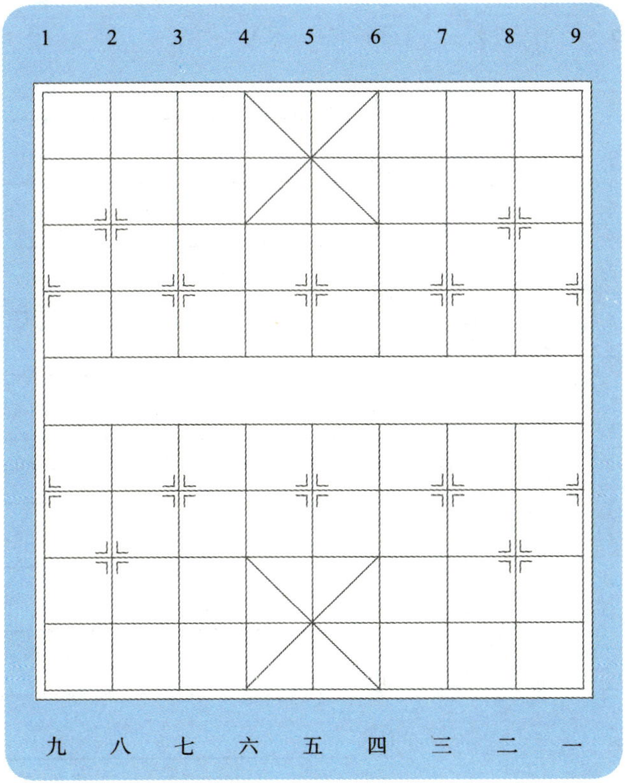

棋谱记录1

着法记录：

① _____
② _____
③ _____
④ _____
⑤ _____
⑥ _____
⑦ _____
⑧ _____
⑨ _____
⑩ _____
⑪ _____

47

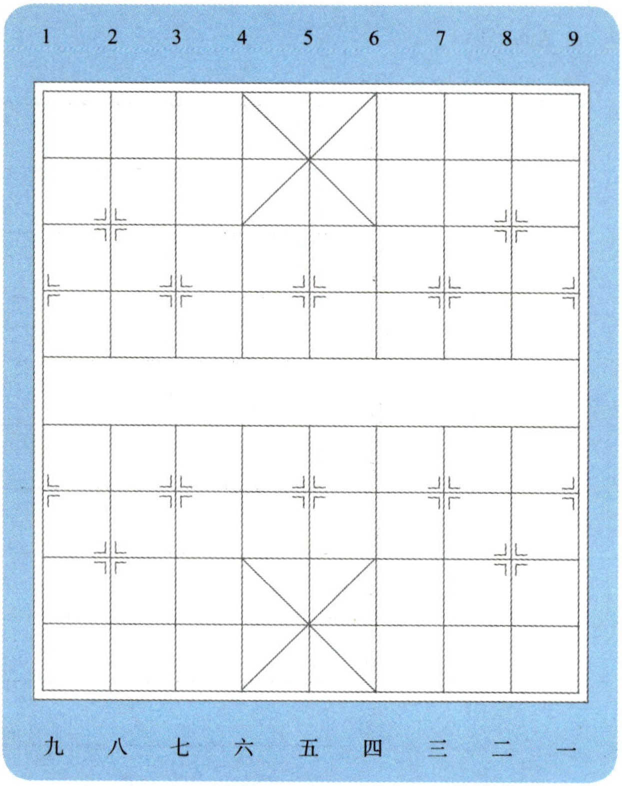

棋谱记录 1

着法记录：

① _____
② _____
③ _____
④ _____
⑤ _____
⑥ _____
⑦ _____
⑧ _____
⑨ _____
⑩ _____
⑪ _____

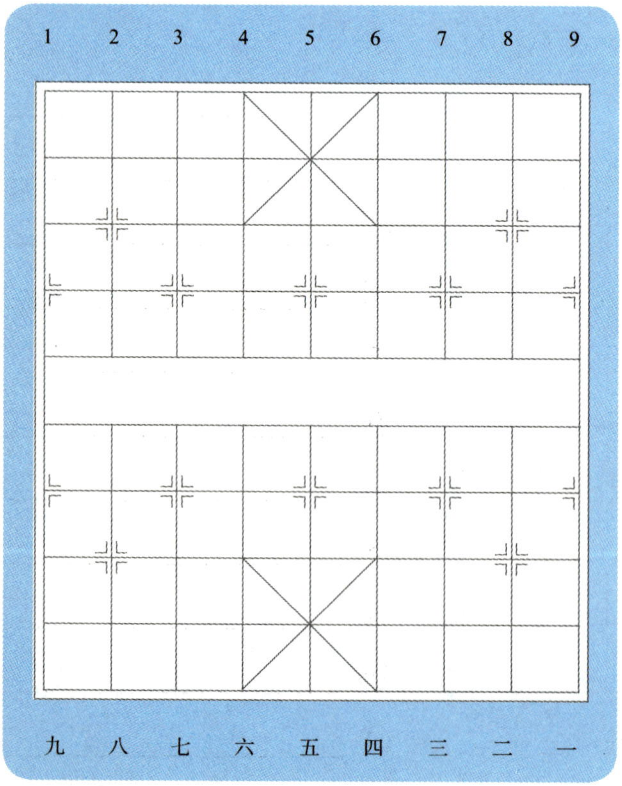

着法记录：

① _____
② _____
③ _____
④ _____
⑤ _____
⑥ _____
⑦ _____
⑧ _____
⑨ _____
⑩ _____
⑪ _____

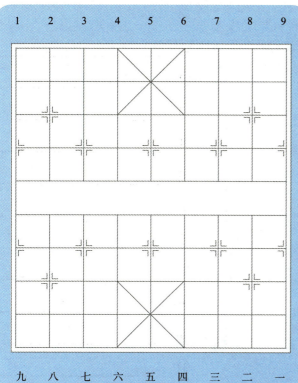

着法记录：

① _____
② _____
③ _____
④ _____
⑤ _____
⑥ _____
⑦ _____
⑧ _____
⑨ _____
⑩ _____
⑪ _____

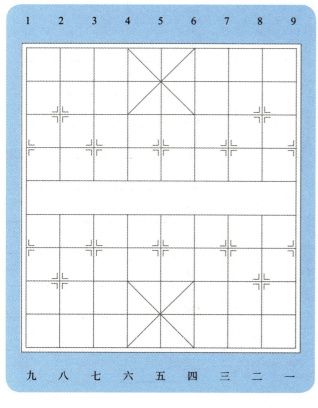

着法记录：

① _____
② _____
③ _____
④ _____
⑤ _____
⑥ _____
⑦ _____
⑧ _____
⑨ _____
⑩ _____
⑪ _____

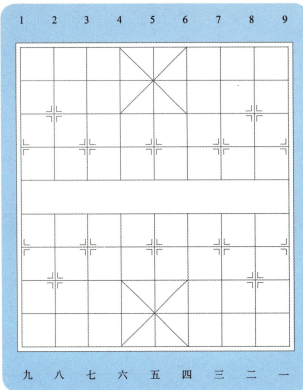

着法记录：

① _____
② _____
③ _____
④ _____
⑤ _____
⑥ _____
⑦ _____
⑧ _____
⑨ _____
⑩ _____
⑪ _____

着法记录：

① _____
② _____
③ _____
④ _____
⑤ _____
⑥ _____
⑦ _____
⑧ _____
⑨ _____
⑩ _____
⑪ _____

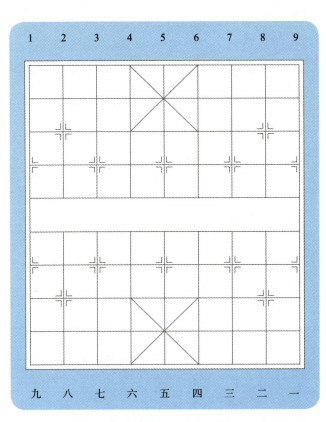

着法记录：

① ___
② ___
③ ___
④ ___
⑤ ___
⑥ ___
⑦ ___
⑧ ___
⑨ ___
⑩ ___
⑪ ___

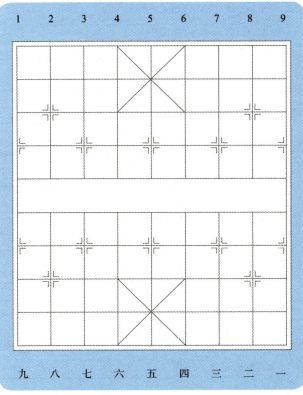

着法记录：

① ___
② ___
③ ___
④ ___
⑤ ___
⑥ ___
⑦ ___
⑧ ___
⑨ ___
⑩ ___
⑪ ___

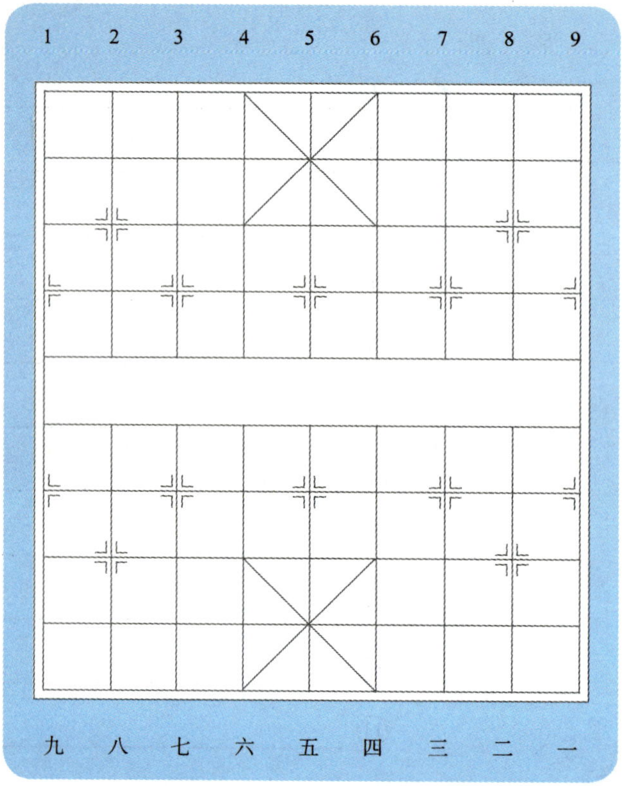

棋谱记录1

着法记录：

① _____
② _____
③ _____
④ _____
⑤ _____
⑥ _____
⑦ _____
⑧ _____
⑨ _____
⑩ _____
⑪ _____

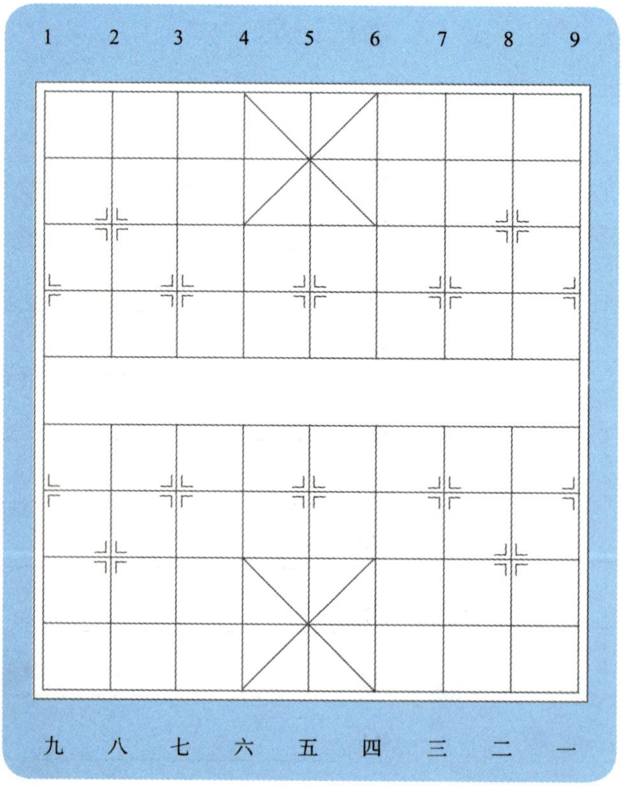

着法记录：

① _____
② _____
③ _____
④ _____
⑤ _____
⑥ _____
⑦ _____
⑧ _____
⑨ _____
⑩ _____
⑪ _____

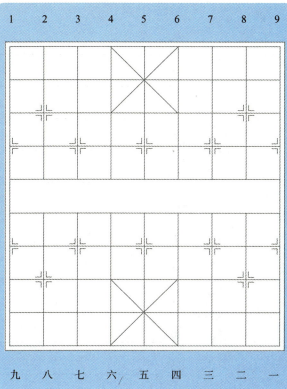

着法记录：

① _____
② _____
③ _____
④ _____
⑤ _____
⑥ _____
⑦ _____
⑧ _____
⑨ _____
⑩ _____
⑪ _____

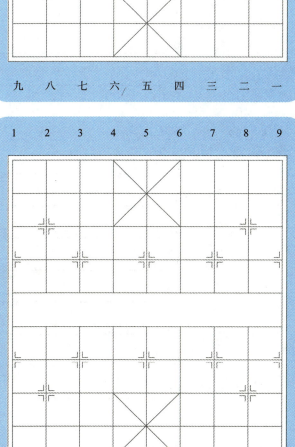

着法记录：

① _____
② _____
③ _____
④ _____
⑤ _____
⑥ _____
⑦ _____
⑧ _____
⑨ _____
⑩ _____
⑪ _____

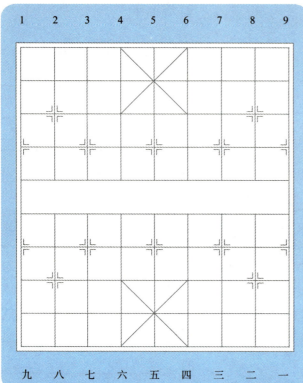

着法记录：

① _____
② _____
③ _____
④ _____
⑤ _____
⑥ _____
⑦ _____
⑧ _____
⑨ _____
⑩ _____
⑪ _____

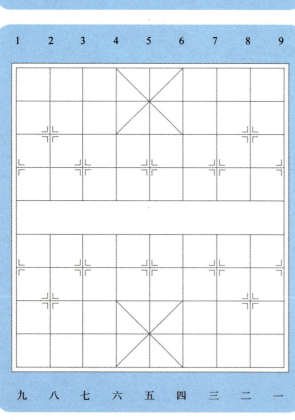

着法记录：

① _____
② _____
③ _____
④ _____
⑤ _____
⑥ _____
⑦ _____
⑧ _____
⑨ _____
⑩ _____
⑪ _____

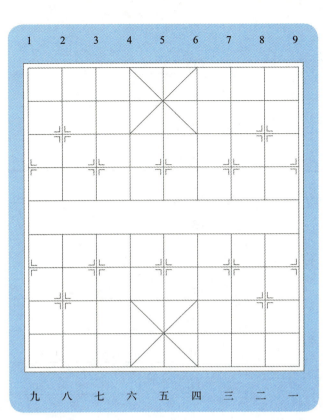

着法记录：

① _____
② _____
③ _____
④ _____
⑤ _____
⑥ _____
⑦ _____
⑧ _____
⑨ _____
⑩ _____
⑪ _____

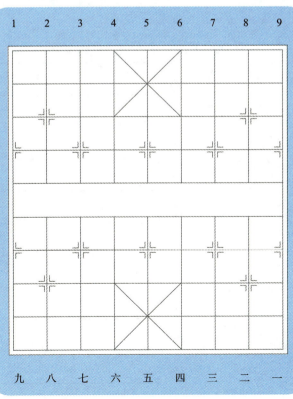

着法记录：

① _____
② _____
③ _____
④ _____
⑤ _____
⑥ _____
⑦ _____
⑧ _____
⑨ _____
⑩ _____
⑪ _____

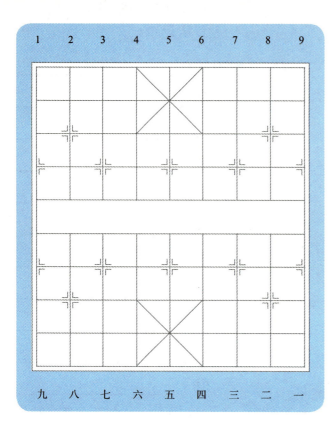

着法记录：

① _____
② _____
③ _____
④ _____
⑤ _____
⑥ _____
⑦ _____
⑧ _____
⑨ _____
⑩ _____
⑪ _____

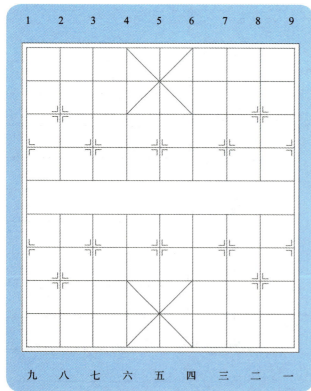

着法记录：

① _____
② _____
③ _____
④ _____
⑤ _____
⑥ _____
⑦ _____
⑧ _____
⑨ _____
⑩ _____
⑪ _____

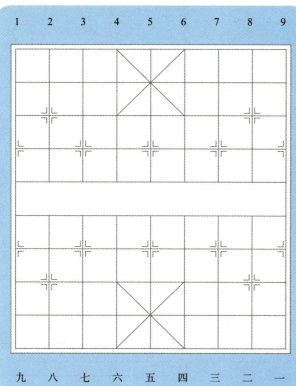

着法记录：

① _____
② _____
③ _____
④ _____
⑤ _____
⑥ _____
⑦ _____
⑧ _____
⑨ _____
⑩ _____
⑪ _____

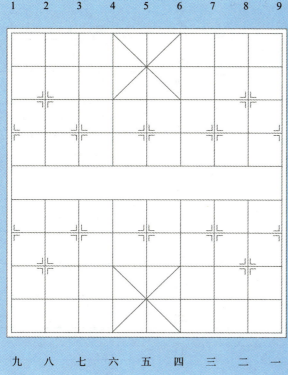

着法记录：

① _____
② _____
③ _____
④ _____
⑤ _____
⑥ _____
⑦ _____
⑧ _____
⑨ _____
⑩ _____
⑪ _____

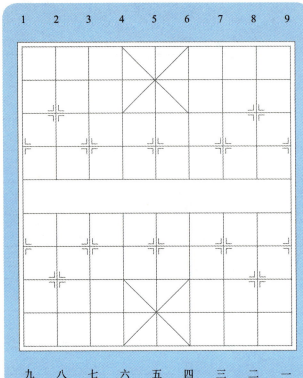

着法记录：

① _____
② _____
③ _____
④ _____
⑤ _____
⑥ _____
⑦ _____
⑧ _____
⑨ _____
⑩ _____
⑪ _____

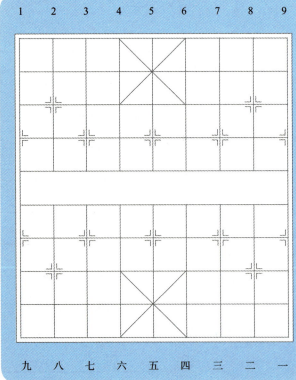

着法记录：

① _____
② _____
③ _____
④ _____
⑤ _____
⑥ _____
⑦ _____
⑧ _____
⑨ _____
⑩ _____
⑪ _____

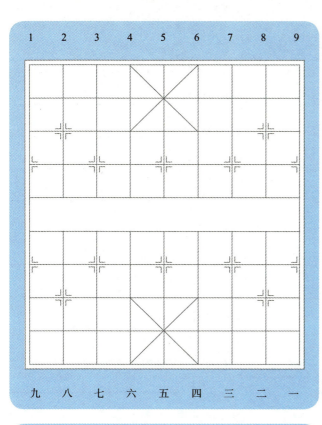

着法记录：

① _____
② _____
③ _____
④ _____
⑤ _____
⑥ _____
⑦ _____
⑧ _____
⑨ _____
⑩ _____
⑪ _____

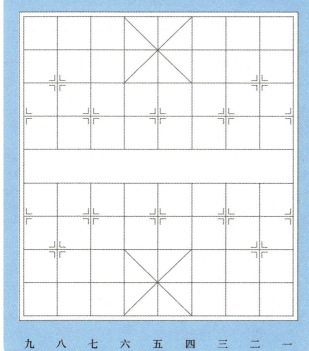

着法记录：

① _____
② _____
③ _____
④ _____
⑤ _____
⑥ _____
⑦ _____
⑧ _____
⑨ _____
⑩ _____
⑪ _____

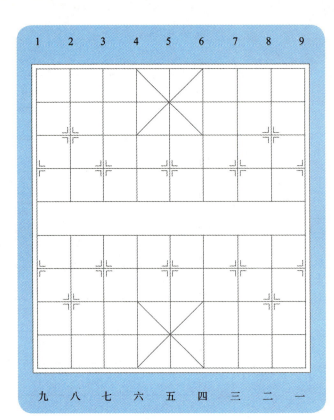

着法记录：

① _____
② _____
③ _____
④ _____
⑤ _____
⑥ _____
⑦ _____
⑧ _____
⑨ _____
⑩ _____
⑪ _____

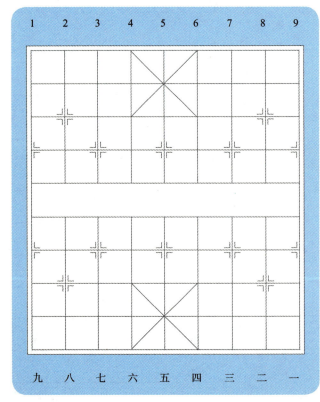

着法记录：

① _____
② _____
③ _____
④ _____
⑤ _____
⑥ _____
⑦ _____
⑧ _____
⑨ _____
⑩ _____
⑪ _____

着法记录：

① _____
② _____
③ _____
④ _____
⑤ _____
⑥ _____
⑦ _____
⑧ _____
⑨ _____
⑩ _____
⑪ _____

着法记录：

① _____
② _____
③ _____
④ _____
⑤ _____
⑥ _____
⑦ _____
⑧ _____
⑨ _____
⑩ _____
⑪ _____

棋谱记录1

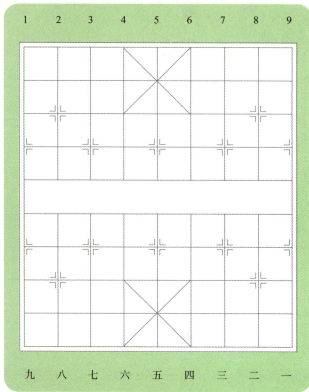

着法记录：

① _____
② _____
③ _____
④ _____
⑤ _____
⑥ _____
⑦ _____
⑧ _____
⑨ _____
⑩ _____
⑪ _____

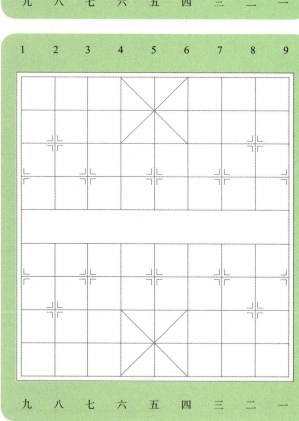

着法记录：

① _____
② _____
③ _____
④ _____
⑤ _____
⑥ _____
⑦ _____
⑧ _____
⑨ _____
⑩ _____
⑪ _____

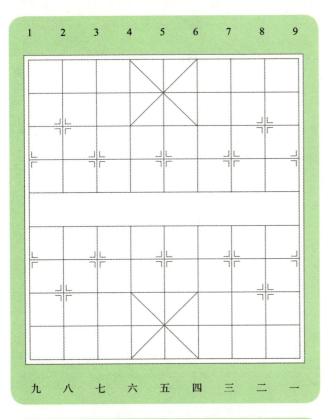

着法记录：

① _____
② _____
③ _____
④ _____
⑤ _____
⑥ _____
⑦ _____
⑧ _____
⑨ _____
⑩ _____
⑪ _____

着法记录：

① _____
② _____
③ _____
④ _____
⑤ _____
⑥ _____
⑦ _____
⑧ _____
⑨ _____
⑩ _____
⑪ _____

棋谱记录 1

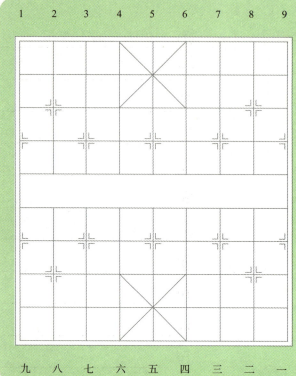

着法记录：

① ___
② ___
③ ___
④ ___
⑤ ___
⑥ ___
⑦ ___
⑧ ___
⑨ ___
⑩ ___
⑪ ___

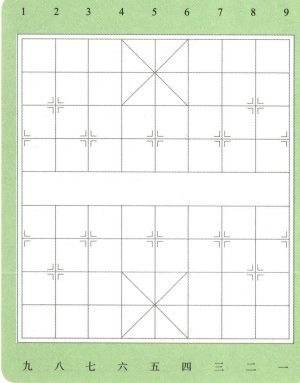

着法记录：

① ___
② ___
③ ___
④ ___
⑤ ___
⑥ ___
⑦ ___
⑧ ___
⑨ ___
⑩ ___
⑪ ___

棋谱记录1

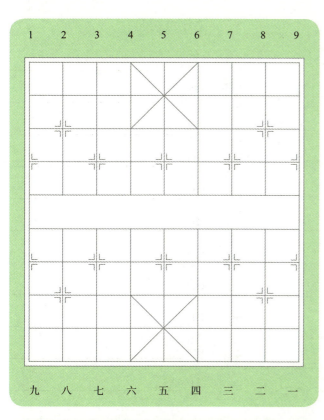

着法记录：

① _____
② _____
③ _____
④ _____
⑤ _____
⑥ _____
⑦ _____
⑧ _____
⑨ _____
⑩ _____
⑪ _____

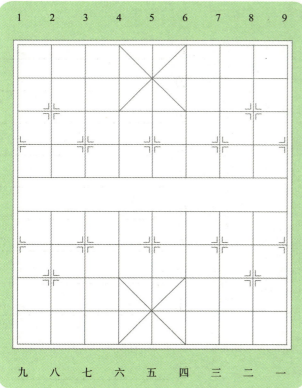

着法记录：

① _____
② _____
③ _____
④ _____
⑤ _____
⑥ _____
⑦ _____
⑧ _____
⑨ _____
⑩ _____
⑪ _____

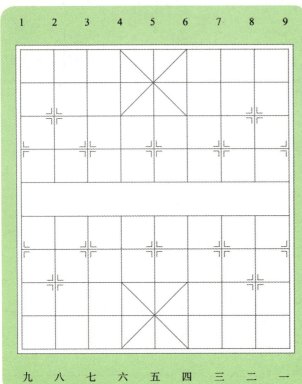

着法记录：

① _____
② _____
③ _____
④ _____
⑤ _____
⑥ _____
⑦ _____
⑧ _____
⑨ _____
⑩ _____
⑪ _____

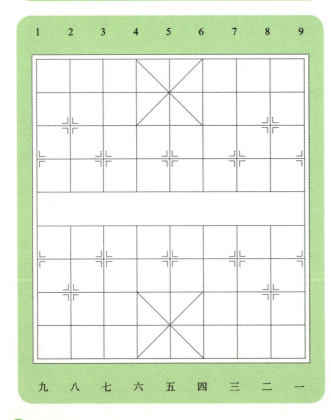

着法记录：

① _____
② _____
③ _____
④ _____
⑤ _____
⑥ _____
⑦ _____
⑧ _____
⑨ _____
⑩ _____
⑪ _____

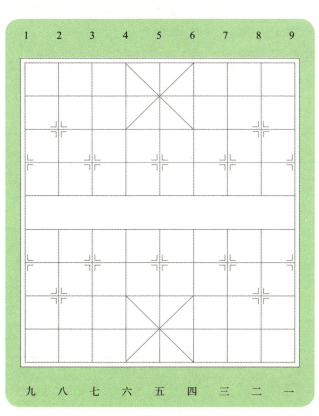

着法记录：

① _____
② _____
③ _____
④ _____
⑤ _____
⑥ _____
⑦ _____
⑧ _____
⑨ _____
⑩ _____
⑪ _____

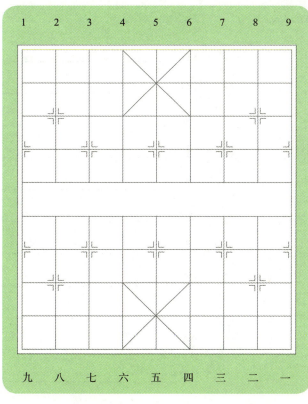

着法记录：

① _____
② _____
③ _____
④ _____
⑤ _____
⑥ _____
⑦ _____
⑧ _____
⑨ _____
⑩ _____
⑪ _____

棋谱记录 1

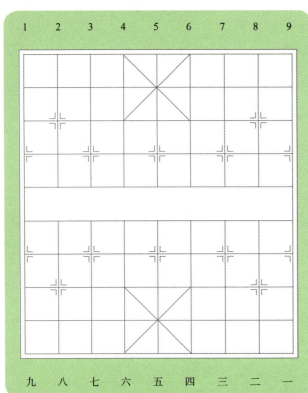

着法记录：

① _____
② _____
③ _____
④ _____
⑤ _____
⑥ _____
⑦ _____
⑧ _____
⑨ _____
⑩ _____
⑪ _____

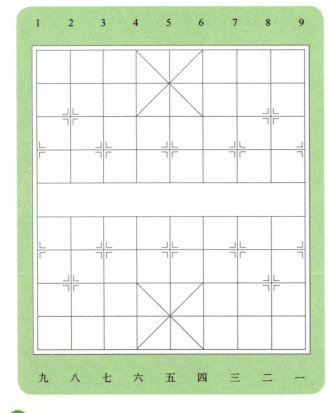

着法记录：

① _____
② _____
③ _____
④ _____
⑤ _____
⑥ _____
⑦ _____
⑧ _____
⑨ _____
⑩ _____
⑪ _____

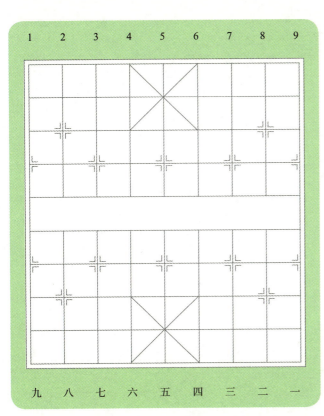

着法记录：

① _____
② _____
③ _____
④ _____
⑤ _____
⑥ _____
⑦ _____
⑧ _____
⑨ _____
⑩ _____
⑪ _____

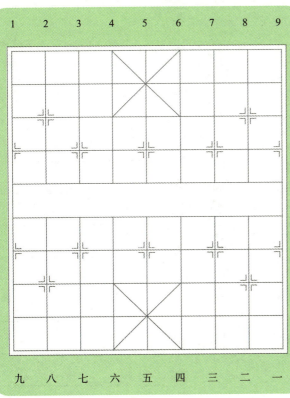

着法记录：

① _____
② _____
③ _____
④ _____
⑤ _____
⑥ _____
⑦ _____
⑧ _____
⑨ _____
⑩ _____
⑪ _____

棋谱记录 1

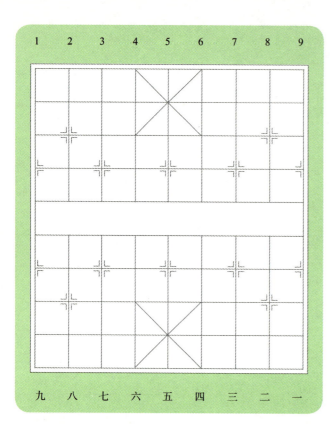

着法记录：

① _____
② _____
③ _____
④ _____
⑤ _____
⑥ _____
⑦ _____
⑧ _____
⑨ _____
⑩ _____
⑪ _____

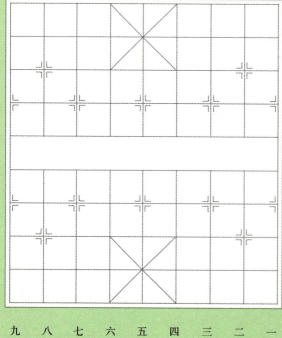

着法记录：

① _____
② _____
③ _____
④ _____
⑤ _____
⑥ _____
⑦ _____
⑧ _____
⑨ _____
⑩ _____
⑪ _____

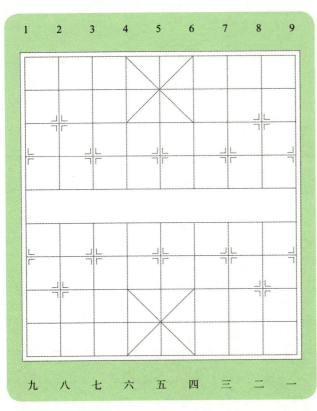

着法记录：

① _____
② _____
③ _____
④ _____
⑤ _____
⑥ _____
⑦ _____
⑧ _____
⑨ _____
⑩ _____
⑪ _____

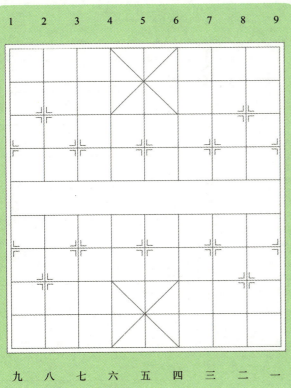

着法记录：

① _____
② _____
③ _____
④ _____
⑤ _____
⑥ _____
⑦ _____
⑧ _____
⑨ _____
⑩ _____
⑪ _____

棋谱记录1

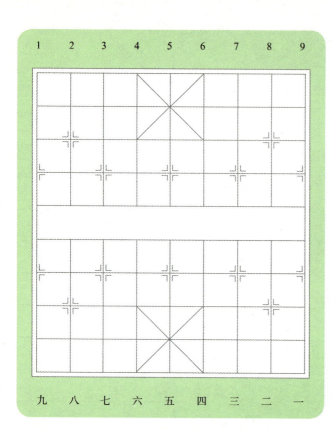

着法记录：

① _____
② _____
③ _____
④ _____
⑤ _____
⑥ _____
⑦ _____
⑧ _____
⑨ _____
⑩ _____
⑪ _____

着法记录：

① _____
② _____
③ _____
④ _____
⑤ _____
⑥ _____
⑦ _____
⑧ _____
⑨ _____
⑩ _____
⑪ _____

对局日期：_____ 对局地点：_____

红　　方：_____ 黑　　方：_____

红方用时：_____ 黑方用时：_____

共　　计：_____手 对局结果：_____胜

着法记录：

① _____　　⑰ _____

② _____　　⑱ _____

③ _____　　⑲ _____

④ _____　　⑳ _____

⑤ _____　　㉑ _____

⑥ _____　　㉒ _____

⑦ _____　　㉓ _____

⑧ _____　　㉔ _____

⑨ _____　　㉕ _____

⑩ _____　　㉖ _____　　㉝ _____　　㊵ _____

⑪ _____　　㉗ _____　　㉞ _____　　㊶ _____

⑫ _____　　㉘ _____　　㉟ _____　　㊷ _____

⑬ _____　　㉙ _____　　㊱ _____　　㊸ _____

⑭ _____　　㉚ _____　　㊲ _____　　㊹ _____

⑮ _____　　㉛ _____　　㊳ _____　　㊺ _____

⑯ _____　　㉜ _____　　㊴ _____　　㊻ _____

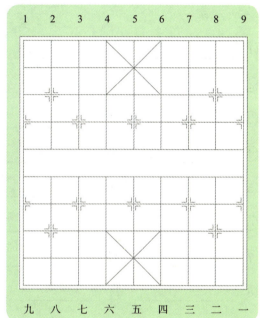

棋谱记录2

对局日期：_____　　对局地点：_____

红　　方：_____　　黑　　方：_____

红方用时：_____　　黑方用时：_____

共　　计：_____手　　对局结果：_____胜

着法记录：

① _____　　⑰ _____

② _____　　⑱ _____

③ _____　　⑲ _____

④ _____　　⑳ _____

⑤ _____　　㉑ _____

⑥ _____　　㉒ _____

⑦ _____　　㉓ _____

⑧ _____　　㉔ _____

⑨ _____　　㉕ _____

⑩ _____　　㉖ _____　　㉝ _____　　㊵ _____

⑪ _____　　㉗ _____　　㉞ _____　　㊶ _____

⑫ _____　　㉘ _____　　㉟ _____　　㊷ _____

⑬ _____　　㉙ _____　　㊱ _____　　㊸ _____

⑭ _____　　㉚ _____　　㊲ _____　　㊹ _____

⑮ _____　　㉛ _____　　㊳ _____　　㊺ _____

⑯ _____　　㉜ _____　　㊴ _____　　㊻ _____

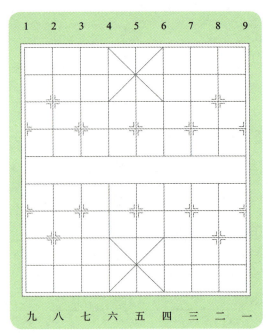

对局日期：_____　　对局地点：_____

红　　方：_____　　黑　　方：_____

红方用时：_____　　黑方用时：_____

共　　计：_____手　对局结果：_____胜

着法记录：

① _____　　⑰ _____
② _____　　⑱ _____
③ _____　　⑲ _____
④ _____　　⑳ _____
⑤ _____　　㉑ _____
⑥ _____　　㉒ _____
⑦ _____　　㉓ _____
⑧ _____　　㉔ _____
⑨ _____　　㉕ _____
⑩ _____　　㉖ _____　　㉝ _____　　㊵ _____
⑪ _____　　㉗ _____　　㉞ _____　　㊶ _____
⑫ _____　　㉘ _____　　㉟ _____　　㊷ _____
⑬ _____　　㉙ _____　　㊱ _____　　㊸ _____
⑭ _____　　㉚ _____　　㊲ _____　　㊹ _____
⑮ _____　　㉛ _____　　㊳ _____　　㊺ _____
⑯ _____　　㉜ _____　　㊴ _____　　㊻ _____

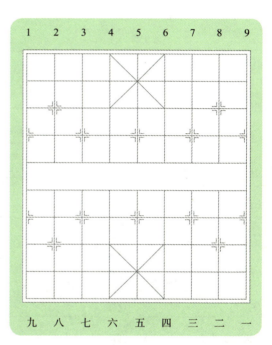

棋谱记录2

对局日期：_____　　对局地点：_____

红　　方：_____　　黑　　方：_____

红方用时：_____　　黑方用时：_____

共　　计：_____手　　对局结果：_____胜

着法记录：

① _____　　⑰ _____

② _____　　⑱ _____

③ _____　　⑲ _____

④ _____　　⑳ _____

⑤ _____　　㉑ _____

⑥ _____　　㉒ _____

⑦ _____　　㉓ _____

⑧ _____　　㉔ _____

⑨ _____　　㉕ _____

⑩ _____　　㉖ _____　　㉝ _____　　㊵ _____

⑪ _____　　㉗ _____　　㉞ _____　　㊶ _____

⑫ _____　　㉘ _____　　㉟ _____　　㊷ _____

⑬ _____　　㉙ _____　　㊱ _____　　㊸ _____

⑭ _____　　㉚ _____　　㊲ _____　　㊹ _____

⑮ _____　　㉛ _____　　㊳ _____　　㊺ _____

⑯ _____　　㉜ _____　　㊴ _____　　㊻ _____

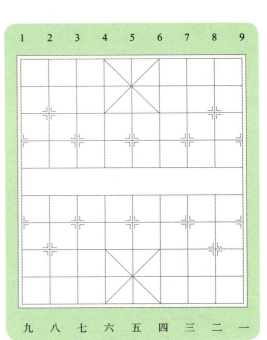

对局日期：＿＿＿＿＿＿　　对局地点：＿＿＿＿＿＿

红　　方：＿＿＿＿＿＿　　黑　　方：＿＿＿＿＿＿

红方用时：＿＿＿＿＿＿　　黑方用时：＿＿＿＿＿＿

共　　计：＿＿＿＿＿＿手　对局结果：＿＿＿＿＿＿胜

着法记录：

① ＿＿＿＿＿＿　　⑰ ＿＿＿＿＿＿
② ＿＿＿＿＿＿　　⑱ ＿＿＿＿＿＿
③ ＿＿＿＿＿＿　　⑲ ＿＿＿＿＿＿
④ ＿＿＿＿＿＿　　⑳ ＿＿＿＿＿＿
⑤ ＿＿＿＿＿＿　　㉑ ＿＿＿＿＿＿
⑥ ＿＿＿＿＿＿　　㉒ ＿＿＿＿＿＿
⑦ ＿＿＿＿＿＿　　㉓ ＿＿＿＿＿＿
⑧ ＿＿＿＿＿＿　　㉔ ＿＿＿＿＿＿
⑨ ＿＿＿＿＿＿　　㉕ ＿＿＿＿＿＿
⑩ ＿＿＿＿＿＿　　㉖ ＿＿＿＿＿＿　　㉝ ＿＿＿＿＿＿　　㊵ ＿＿＿＿＿＿
⑪ ＿＿＿＿＿＿　　㉗ ＿＿＿＿＿＿　　㉞ ＿＿＿＿＿＿　　㊶ ＿＿＿＿＿＿
⑫ ＿＿＿＿＿＿　　㉘ ＿＿＿＿＿＿　　㉟ ＿＿＿＿＿＿　　㊷ ＿＿＿＿＿＿
⑬ ＿＿＿＿＿＿　　㉙ ＿＿＿＿＿＿　　㊱ ＿＿＿＿＿＿　　㊸ ＿＿＿＿＿＿
⑭ ＿＿＿＿＿＿　　㉚ ＿＿＿＿＿＿　　㊲ ＿＿＿＿＿＿　　㊹ ＿＿＿＿＿＿
⑮ ＿＿＿＿＿＿　　㉛ ＿＿＿＿＿＿　　㊳ ＿＿＿＿＿＿　　㊺ ＿＿＿＿＿＿
⑯ ＿＿＿＿＿＿　　㉜ ＿＿＿＿＿＿　　㊴ ＿＿＿＿＿＿　　㊻ ＿＿＿＿＿＿

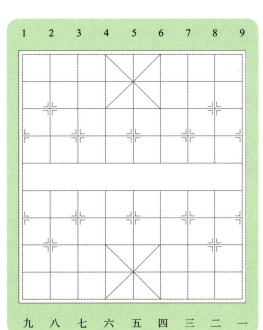

棋谱记录2

对局日期：_____　　对局地点：_____

红　　方：_____　　黑　　方：_____

红方用时：_____　　黑方用时：_____

共　　计：_____手　　对局结果：_____胜

着法记录：

① _____　　⑰ _____
② _____　　⑱ _____
③ _____　　⑲ _____
④ _____　　⑳ _____
⑤ _____　　㉑ _____
⑥ _____　　㉒ _____
⑦ _____　　㉓ _____
⑧ _____　　㉔ _____
⑨ _____　　㉕ _____
⑩ _____　　㉖ _____　　㉝ _____　　㊵ _____
⑪ _____　　㉗ _____　　㉞ _____　　㊶ _____
⑫ _____　　㉘ _____　　㉟ _____　　㊷ _____
⑬ _____　　㉙ _____　　㊱ _____　　㊸ _____
⑭ _____　　㉚ _____　　㊲ _____　　㊹ _____
⑮ _____　　㉛ _____　　㊳ _____　　㊺ _____
⑯ _____　　㉜ _____　　㊴ _____　　㊻ _____

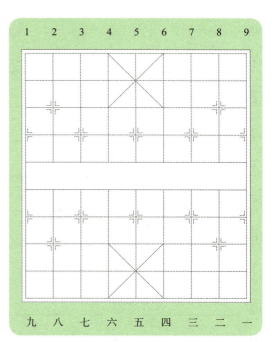

对局日期：_____　　对局地点：_____

红　　方：_____　　黑　　方：_____

红方用时：_____　　黑方用时：_____

共　　计：_____手　　对局结果：_____胜

着法记录：

① _____　　⑰ _____

② _____　　⑱ _____

③ _____　　⑲ _____

④ _____　　⑳ _____

⑤ _____　　㉑ _____

⑥ _____　　㉒ _____

⑦ _____　　㉓ _____

⑧ _____　　㉔ _____

⑨ _____　　㉕ _____

⑩ _____　　㉖ _____　　㉝ _____　　㊵ _____

⑪ _____　　㉗ _____　　㉞ _____　　㊶ _____

⑫ _____　　㉘ _____　　㉟ _____　　㊷ _____

⑬ _____　　㉙ _____　　㊱ _____　　㊸ _____

⑭ _____　　㉚ _____　　㊲ _____　　㊹ _____

⑮ _____　　㉛ _____　　㊳ _____　　㊺ _____

⑯ _____　　㉜ _____　　㊴ _____　　㊻ _____

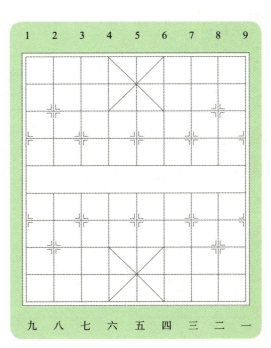

棋谱记录2

对局日期：_____　　对局地点：_____

红　　方：_____　　黑　　方：_____

红方用时：_____　　黑方用时：_____

共　　计：_____手　对局结果：_____胜

着法记录：

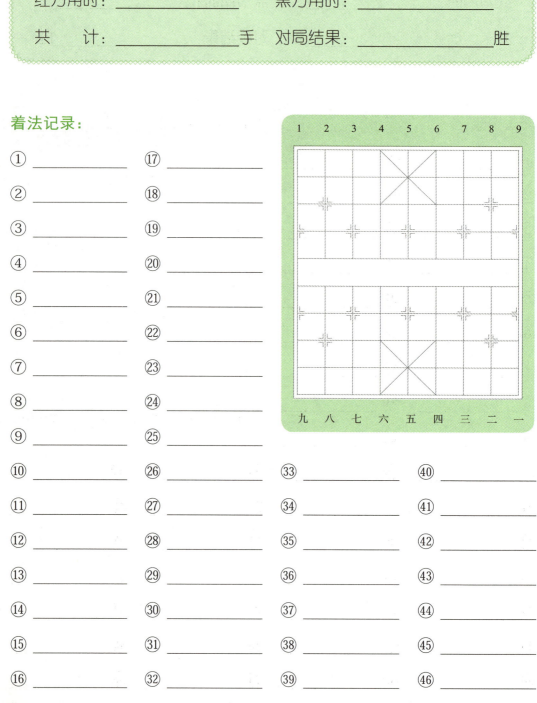

① _____　⑰ _____
② _____　⑱ _____
③ _____　⑲ _____
④ _____　⑳ _____
⑤ _____　㉑ _____
⑥ _____　㉒ _____
⑦ _____　㉓ _____
⑧ _____　㉔ _____
⑨ _____　㉕ _____
⑩ _____　㉖ _____　㉝ _____　㊵ _____
⑪ _____　㉗ _____　㉞ _____　㊶ _____
⑫ _____　㉘ _____　㉟ _____　㊷ _____
⑬ _____　㉙ _____　㊱ _____　㊸ _____
⑭ _____　㉚ _____　㊲ _____　㊹ _____
⑮ _____　㉛ _____　㊳ _____　㊺ _____
⑯ _____　㉜ _____　㊴ _____　㊻ _____

对局日期：＿＿＿＿＿＿　　对局地点：＿＿＿＿＿＿

红　　　方：＿＿＿＿＿＿　　黑　　　方：＿＿＿＿＿＿

红方用时：＿＿＿＿＿＿　　黑方用时：＿＿＿＿＿＿

共　　　计：＿＿＿＿＿＿手　对局结果：＿＿＿＿＿＿胜

着法记录：

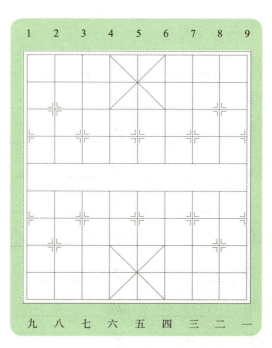

① ＿＿＿＿＿＿
② ＿＿＿＿＿＿
③ ＿＿＿＿＿＿
④ ＿＿＿＿＿＿
⑤ ＿＿＿＿＿＿
⑥ ＿＿＿＿＿＿
⑦ ＿＿＿＿＿＿
⑧ ＿＿＿＿＿＿
⑨ ＿＿＿＿＿＿
⑩ ＿＿＿＿＿＿
⑪ ＿＿＿＿＿＿
⑫ ＿＿＿＿＿＿
⑬ ＿＿＿＿＿＿
⑭ ＿＿＿＿＿＿
⑮ ＿＿＿＿＿＿
⑯ ＿＿＿＿＿＿

⑰ ＿＿＿＿＿＿
⑱ ＿＿＿＿＿＿
⑲ ＿＿＿＿＿＿
⑳ ＿＿＿＿＿＿
㉑ ＿＿＿＿＿＿
㉒ ＿＿＿＿＿＿
㉓ ＿＿＿＿＿＿
㉔ ＿＿＿＿＿＿
㉕ ＿＿＿＿＿＿
㉖ ＿＿＿＿＿＿
㉗ ＿＿＿＿＿＿
㉘ ＿＿＿＿＿＿
㉙ ＿＿＿＿＿＿
㉚ ＿＿＿＿＿＿
㉛ ＿＿＿＿＿＿
㉜ ＿＿＿＿＿＿

㉝ ＿＿＿＿＿＿
㉞ ＿＿＿＿＿＿
㉟ ＿＿＿＿＿＿
㊱ ＿＿＿＿＿＿
㊲ ＿＿＿＿＿＿
㊳ ＿＿＿＿＿＿
㊴ ＿＿＿＿＿＿
㊵ ＿＿＿＿＿＿
㊶ ＿＿＿＿＿＿
㊷ ＿＿＿＿＿＿
㊸ ＿＿＿＿＿＿
㊹ ＿＿＿＿＿＿
㊺ ＿＿＿＿＿＿
㊻ ＿＿＿＿＿＿

棋谱记录 2

对局日期：_____　　对局地点：_____

红　　方：_____　　黑　　方：_____

红方用时：_____　　黑方用时：_____

共　　计：_____手　对局结果：_____胜

着法记录：

① _____　　⑰ _____

② _____　　⑱ _____

③ _____　　⑲ _____

④ _____　　⑳ _____

⑤ _____　　㉑ _____

⑥ _____　　㉒ _____

⑦ _____　　㉓ _____

⑧ _____　　㉔ _____

⑨ _____　　㉕ _____

⑩ _____　　㉖ _____　　㉝ _____　　㊵ _____

⑪ _____　　㉗ _____　　㉞ _____　　㊶ _____

⑫ _____　　㉘ _____　　㉟ _____　　㊷ _____

⑬ _____　　㉙ _____　　㊱ _____　　㊸ _____

⑭ _____　　㉚ _____　　㊲ _____　　㊹ _____

⑮ _____　　㉛ _____　　㊳ _____　　㊺ _____

⑯ _____　　㉜ _____　　㊴ _____　　㊻ _____

棋谱记录 2

对局日期：_____　　对局地点：_____

红　　方：_____　　黑　　方：_____

红方用时：_____　　黑方用时：_____

共　　计：_____手　对局结果：_____胜

着法记录：

① _____	⑰ _____	
② _____	⑱ _____	
③ _____	⑲ _____	
④ _____	⑳ _____	
⑤ _____	㉑ _____	
⑥ _____	㉒ _____	
⑦ _____	㉓ _____	
⑧ _____	㉔ _____	
⑨ _____	㉕ _____	
⑩ _____	㉖ _____	㉝ _____　㊵ _____
⑪ _____	㉗ _____	㉞ _____　㊶ _____
⑫ _____	㉘ _____	㉟ _____　㊷ _____
⑬ _____	㉙ _____	㊱ _____　㊸ _____
⑭ _____	㉚ _____	㊲ _____　㊹ _____
⑮ _____	㉛ _____	㊳ _____　㊺ _____
⑯ _____	㉜ _____	㊴ _____　㊻ _____

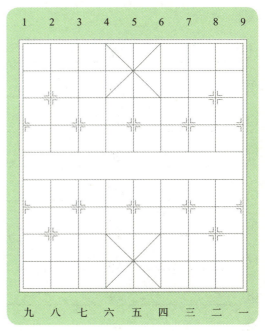

对局日期：_____　　对局地点：_____

红　　方：_____　　黑　　方：_____

红方用时：_____　　黑方用时：_____

共　　计：_____手　对局结果：_____胜

着法记录：

① _____　　⑰ _____

② _____　　⑱ _____

③ _____　　⑲ _____

④ _____　　⑳ _____

⑤ _____　　㉑ _____

⑥ _____　　㉒ _____

⑦ _____　　㉓ _____

⑧ _____　　㉔ _____

⑨ _____　　㉕ _____

⑩ _____　　㉖ _____　　㉝ _____　　㊵ _____

⑪ _____　　㉗ _____　　㉞ _____　　㊶ _____

⑫ _____　　㉘ _____　　㉟ _____　　㊷ _____

⑬ _____　　㉙ _____　　㊱ _____　　㊸ _____

⑭ _____　　㉚ _____　　㊲ _____　　㊹ _____

⑮ _____　　㉛ _____　　㊳ _____　　㊺ _____

⑯ _____　　㉜ _____　　㊴ _____　　㊻ _____

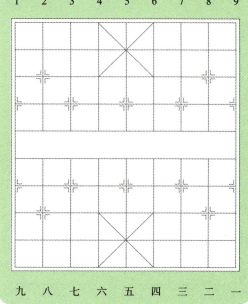

对局日期：_____ 对局地点：_____

红　　方：_____ 黑　　方：_____

红方用时：_____ 黑方用时：_____

共　　计：_____手 对局结果：_____胜

着法记录：

① _____　⑰ _____

② _____　⑱ _____

③ _____　⑲ _____

④ _____　⑳ _____

⑤ _____　㉑ _____

⑥ _____　㉒ _____

⑦ _____　㉓ _____

⑧ _____　㉔ _____

⑨ _____　㉕ _____

⑩ _____　㉖ _____　㉝ _____　㊵ _____

⑪ _____　㉗ _____　㉞ _____　㊶ _____

⑫ _____　㉘ _____　㉟ _____　㊷ _____

⑬ _____　㉙ _____　㊱ _____　㊸ _____

⑭ _____　㉚ _____　㊲ _____　㊹ _____

⑮ _____　㉛ _____　㊳ _____　㊺ _____

⑯ _____　㉜ _____　㊴ _____　㊻ _____

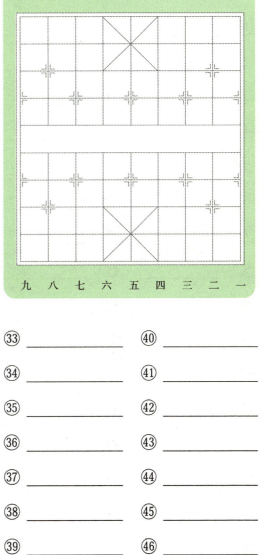

棋谱记录2

对局日期：＿＿＿＿＿＿ 对局地点：＿＿＿＿＿＿

红　　方：＿＿＿＿＿＿ 黑　　方：＿＿＿＿＿＿

红方用时：＿＿＿＿＿＿ 黑方用时：＿＿＿＿＿＿

共　　计：＿＿＿＿＿＿手 对局结果：＿＿＿＿＿＿胜

着法记录：

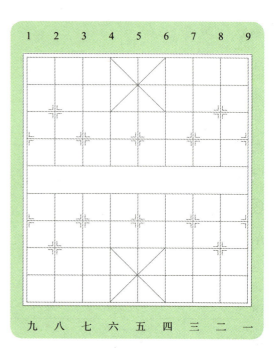

① ＿＿＿＿＿＿   ⑰ ＿＿＿＿＿＿
② ＿＿＿＿＿＿   ⑱ ＿＿＿＿＿＿
③ ＿＿＿＿＿＿   ⑲ ＿＿＿＿＿＿
④ ＿＿＿＿＿＿   ⑳ ＿＿＿＿＿＿
⑤ ＿＿＿＿＿＿   ㉑ ＿＿＿＿＿＿
⑥ ＿＿＿＿＿＿   ㉒ ＿＿＿＿＿＿
⑦ ＿＿＿＿＿＿   ㉓ ＿＿＿＿＿＿
⑧ ＿＿＿＿＿＿   ㉔ ＿＿＿＿＿＿
⑨ ＿＿＿＿＿＿   ㉕ ＿＿＿＿＿＿
⑩ ＿＿＿＿＿＿   ㉖ ＿＿＿＿＿＿   ㉝ ＿＿＿＿＿＿   ㊵ ＿＿＿＿＿＿
⑪ ＿＿＿＿＿＿   ㉗ ＿＿＿＿＿＿   ㉞ ＿＿＿＿＿＿   ㊶ ＿＿＿＿＿＿
⑫ ＿＿＿＿＿＿   ㉘ ＿＿＿＿＿＿   ㉟ ＿＿＿＿＿＿   ㊷ ＿＿＿＿＿＿
⑬ ＿＿＿＿＿＿   ㉙ ＿＿＿＿＿＿   ㊱ ＿＿＿＿＿＿   ㊸ ＿＿＿＿＿＿
⑭ ＿＿＿＿＿＿   ㉚ ＿＿＿＿＿＿   ㊲ ＿＿＿＿＿＿   ㊹ ＿＿＿＿＿＿
⑮ ＿＿＿＿＿＿   ㉛ ＿＿＿＿＿＿   ㊳ ＿＿＿＿＿＿   ㊺ ＿＿＿＿＿＿
⑯ ＿＿＿＿＿＿   ㉜ ＿＿＿＿＿＿   ㊴ ＿＿＿＿＿＿   ㊻ ＿＿＿＿＿＿

棋谱记录2

对局日期：＿＿＿＿＿＿ 对局地点：＿＿＿＿＿＿

红　　方：＿＿＿＿＿＿ 黑　　方：＿＿＿＿＿＿

红方用时：＿＿＿＿＿＿ 黑方用时：＿＿＿＿＿＿

共　　计：＿＿＿＿＿＿手 对局结果：＿＿＿＿＿＿胜

着法记录：

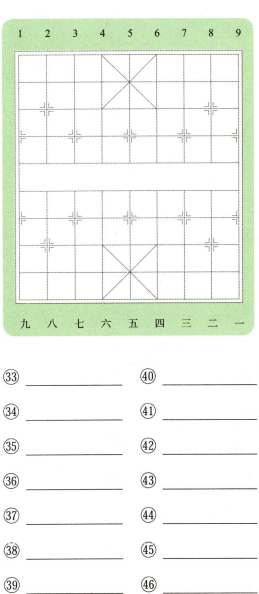

① ＿＿＿＿＿　⑰ ＿＿＿＿＿
② ＿＿＿＿＿　⑱ ＿＿＿＿＿
③ ＿＿＿＿＿　⑲ ＿＿＿＿＿
④ ＿＿＿＿＿　⑳ ＿＿＿＿＿
⑤ ＿＿＿＿＿　㉑ ＿＿＿＿＿
⑥ ＿＿＿＿＿　㉒ ＿＿＿＿＿
⑦ ＿＿＿＿＿　㉓ ＿＿＿＿＿
⑧ ＿＿＿＿＿　㉔ ＿＿＿＿＿
⑨ ＿＿＿＿＿　㉕ ＿＿＿＿＿
⑩ ＿＿＿＿＿　㉖ ＿＿＿＿＿　㉝ ＿＿＿＿＿　㊵ ＿＿＿＿＿
⑪ ＿＿＿＿＿　㉗ ＿＿＿＿＿　㉞ ＿＿＿＿＿　㊶ ＿＿＿＿＿
⑫ ＿＿＿＿＿　㉘ ＿＿＿＿＿　㉟ ＿＿＿＿＿　㊷ ＿＿＿＿＿
⑬ ＿＿＿＿＿　㉙ ＿＿＿＿＿　㊱ ＿＿＿＿＿　㊸ ＿＿＿＿＿
⑭ ＿＿＿＿＿　㉚ ＿＿＿＿＿　㊲ ＿＿＿＿＿　㊹ ＿＿＿＿＿
⑮ ＿＿＿＿＿　㉛ ＿＿＿＿＿　㊳ ＿＿＿＿＿　㊺ ＿＿＿＿＿
⑯ ＿＿＿＿＿　㉜ ＿＿＿＿＿　㊴ ＿＿＿＿＿　㊻ ＿＿＿＿＿

棋谱记录2

对局日期：_____   对局地点：_____

红　　方：_____   黑　　方：_____

红方用时：_____   黑方用时：_____

共　　计：_____手 对局结果：_____胜

着法记录：

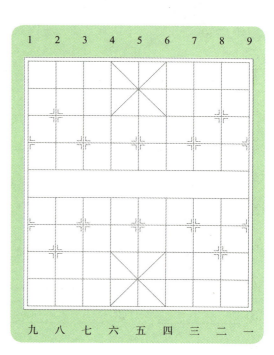

① _____　　⑰ _____

② _____　　⑱ _____

③ _____　　⑲ _____

④ _____　　⑳ _____

⑤ _____　　㉑ _____

⑥ _____　　㉒ _____

⑦ _____　　㉓ _____

⑧ _____　　㉔ _____

⑨ _____　　㉕ _____

⑩ _____　　㉖ _____　　㉝ _____　　㊵ _____

⑪ _____　　㉗ _____　　㉞ _____　　㊶ _____

⑫ _____　　㉘ _____　　㉟ _____　　㊷ _____

⑬ _____　　㉙ _____　　㊱ _____　　㊸ _____

⑭ _____　　㉚ _____　　㊲ _____　　㊹ _____

⑮ _____　　㉛ _____　　㊳ _____　　㊺ _____

⑯ _____　　㉜ _____　　㊴ _____　　㊻ _____

对局日期：_____   对局地点：_____

红　　方：_____   黑　　方：_____

红方用时：_____   黑方用时：_____

共　　计：_____手 对局结果：_____胜

着法记录：

① _____　　⑰ _____

② _____　　⑱ _____

③ _____　　⑲ _____

④ _____　　⑳ _____

⑤ _____　　㉑ _____

⑥ _____　　㉒ _____

⑦ _____　　㉓ _____

⑧ _____　　㉔ _____

⑨ _____　　㉕ _____

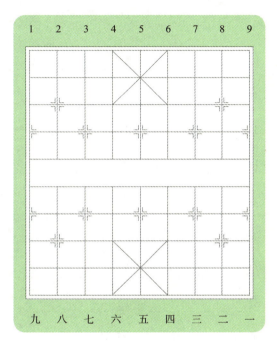

⑩ _____　　㉖ _____　　㉝ _____　　㊵ _____

⑪ _____　　㉗ _____　　㉞ _____　　㊶ _____

⑫ _____　　㉘ _____　　㉟ _____　　㊷ _____

⑬ _____　　㉙ _____　　㊱ _____　　㊸ _____

⑭ _____　　㉚ _____　　㊲ _____　　㊹ _____

⑮ _____　　㉛ _____　　㊳ _____　　㊺ _____

⑯ _____　　㉜ _____　　㊴ _____　　㊻ _____

对局日期：_____　　对局地点：_____

红　　方：_____　　黑　　方：_____

红方用时：_____　　黑方用时：_____

共　　计：_____手　　对局结果：_____胜

着法记录：

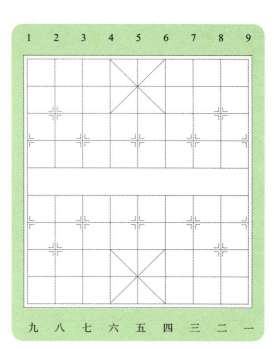

① _____　⑰ _____
② _____　⑱ _____
③ _____　⑲ _____
④ _____　⑳ _____
⑤ _____　㉑ _____
⑥ _____　㉒ _____
⑦ _____　㉓ _____
⑧ _____　㉔ _____
⑨ _____　㉕ _____
⑩ _____　㉖ _____　㉝ _____　㊵ _____
⑪ _____　㉗ _____　㉞ _____　㊶ _____
⑫ _____　㉘ _____　㉟ _____　㊷ _____
⑬ _____　㉙ _____　㊱ _____　㊸ _____
⑭ _____　㉚ _____　㊲ _____　㊹ _____
⑮ _____　㉛ _____　㊳ _____　㊺ _____
⑯ _____　㉜ _____　㊴ _____　㊻ _____

对局日期：＿＿＿＿＿＿ 对局地点：＿＿＿＿＿＿

红　　方：＿＿＿＿＿＿ 黑　　方：＿＿＿＿＿＿

红方用时：＿＿＿＿＿＿ 黑方用时：＿＿＿＿＿＿

共　　计：＿＿＿＿＿＿手 对局结果：＿＿＿＿＿＿胜

着法记录：

① ＿＿＿＿＿ ⑰ ＿＿＿＿＿
② ＿＿＿＿＿ ⑱ ＿＿＿＿＿
③ ＿＿＿＿＿ ⑲ ＿＿＿＿＿
④ ＿＿＿＿＿ ⑳ ＿＿＿＿＿
⑤ ＿＿＿＿＿ ㉑ ＿＿＿＿＿
⑥ ＿＿＿＿＿ ㉒ ＿＿＿＿＿
⑦ ＿＿＿＿＿ ㉓ ＿＿＿＿＿
⑧ ＿＿＿＿＿ ㉔ ＿＿＿＿＿
⑨ ＿＿＿＿＿ ㉕ ＿＿＿＿＿
⑩ ＿＿＿＿＿ ㉖ ＿＿＿＿＿ ㉝ ＿＿＿＿＿ ㊵ ＿＿＿＿＿
⑪ ＿＿＿＿＿ ㉗ ＿＿＿＿＿ ㉞ ＿＿＿＿＿ ㊶ ＿＿＿＿＿
⑫ ＿＿＿＿＿ ㉘ ＿＿＿＿＿ ㉟ ＿＿＿＿＿ ㊷ ＿＿＿＿＿
⑬ ＿＿＿＿＿ ㉙ ＿＿＿＿＿ ㊱ ＿＿＿＿＿ ㊸ ＿＿＿＿＿
⑭ ＿＿＿＿＿ ㉚ ＿＿＿＿＿ ㊲ ＿＿＿＿＿ ㊹ ＿＿＿＿＿
⑮ ＿＿＿＿＿ ㉛ ＿＿＿＿＿ ㊳ ＿＿＿＿＿ ㊺ ＿＿＿＿＿
⑯ ＿＿＿＿＿ ㉜ ＿＿＿＿＿ ㊴ ＿＿＿＿＿ ㊻ ＿＿＿＿＿

棋谱记录2

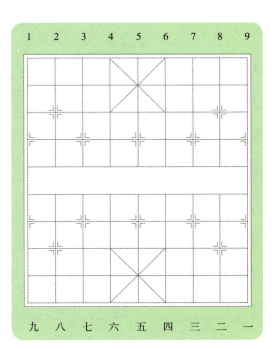

对局日期：_____　　对局地点：_____

红　　方：_____　　黑　　方：_____

红方用时：_____　　黑方用时：_____

共　　计：_____手　对局结果：_____胜

着法记录：

① _____　　⑰ _____

② _____　　⑱ _____

③ _____　　⑲ _____

④ _____　　⑳ _____

⑤ _____　　㉑ _____

⑥ _____　　㉒ _____

⑦ _____　　㉓ _____

⑧ _____　　㉔ _____

⑨ _____　　㉕ _____

⑩ _____　　㉖ _____　　㉝ _____　　㊵ _____

⑪ _____　　㉗ _____　　㉞ _____　　㊶ _____

⑫ _____　　㉘ _____　　㉟ _____　　㊷ _____

⑬ _____　　㉙ _____　　㊱ _____　　㊸ _____

⑭ _____　　㉚ _____　　㊲ _____　　㊹ _____

⑮ _____　　㉛ _____　　㊳ _____　　㊺ _____

⑯ _____　　㉜ _____　　㊴ _____　　㊻ _____